Ulrich Rabenschlag

Wenn Kinder nicht mehr froh sein können

HERDER spektrum

Band 5516

Das Buch

Traurige, unglückliche, freudlose, angstvolle und bedrückte Kinder sollte es eigentlich nicht geben. Desto alarmierender die Mitteilung des Freiburger Kinder- und Jugendlichenpsychiaters Ulrich Rabenschlag, daß Kinder zunehmend an depressiven Erkrankungen leiden. Der Autor beschreibt dieses Depression-Angst-Syndrom auf allgemeinverständliche Weise. Eltern werden in die Lage versetzt, die Probleme ihres Kindes aus dessen Innensicht nachzuvollziehen und zu verstehen. Sie gewinnen anhand zahlreicher Fallbeispiele anschaulich Einblick in die Möglichkeiten, die sie selbst haben, die Gefährdung ihrer Kinder zu erkennen, vorzubeugen und ihnen das Leben zu erleichtern. Es geht dem Autor darum, Eltern und Lehrer auf dem neuesten wissenschaftlichen Forschungsstand zu informieren und sie zu sensibilisieren, so daß sie aus einem Grundverständnis der Störung heraus in der jeweiligen Situation zu richtigem und hilfreichem Handeln in der Lage sind, und auch beurteilen können, wann eine klinische Behandlung notwendig ist. In jedem Fall können Eltern selbst solchen Kindern sehr viel mehr helfen, als sie annehmen.

Der Autor

Dr. med. Dipl.-Psych. Ulrich Rabenschlag, Kinderpsychiater, Klinischer Psychologe und Psychoanalytiker, Oberarzt der Abteilung für Psychiatrie und Psychotherapie des Kinder- und Jugendalters der Universität Freiburg. Gründer der ersten Kinderschlafambulanz in Deutschland. Bei Herder: *„Kinder reisen durch die Nacht"* 1998.

Ulrich Rabenschlag

Wenn Kinder nicht mehr froh sein können

Depressionen bei Kindern erkennen und helfen

Unter Mitarbeit
von Rudolf Heger

Herder
Freiburg · Basel · Wien

Gedruckt auf umweltfreundlichem,
chlorfrei gebleichtem Papier

Originalausgabe

Alle Rechte vorbehalten – Printed in Germany
© Verlag Herder Freiburg im Breisgau 2000
Satz: Fotosetzerei G. Scheydecker, Freiburg i. Br.
Herstellung: Freiburger Graphische Betriebe 2000
Umschlaggestaltung und Konzeption:
R·M·E München / Roland Eschlbeck, Liana Tuchel
Umschlagmotiv: photonica
ISBN 3-451-05516-3

Inhalt

Einleitung

Die meisten Menschen sind davon überzeugt, daß die Kindheit der glücklichste Abschnitt des Lebens ist. Auch wenn Sie selber zu denen gehören, die diese Überzeugung nicht auf ihre eigene Kindheit übertragen können, so werden Sie doch sicher der Mehrheit der Eltern beipflichten, die sagt: Auf jeden Fall soll mein Kind glücklich sein!

Und wenn Sie Zweifel haben müssen, ob Ihr Kind wirklich glücklich ist? Wenn es gar depressiv ist? Dann muß – werden Sie denken – jemand daran Schuld haben. Der Vater mit mehreren depressiven Verwandten in seiner Herkunftsfamilie? Die Mutter, die zu früh wieder arbeiten gegangen ist? Vater und Mutter, die sich haben scheiden lassen? Der Kindergarten, der zu lieblos war? Die Gesellschaft, die zuläßt, daß die Wiesen und Spielplätze dem Verkehr weichen müssen? Die Medien, die täglich Zukunftsängste schüren? Die Schule mit ihrem Leistungsdenken, das alle gegeneinander aufbringt?

Warum so viele Fragen? Warum diese Suche nach Schuldigen? Die Antwort klingt einfach und ist doch schwer zu akzeptieren: Der Grund liegt in der inneren Widerspüchlichkeit der Erkrankung „Kinderdepression" selbst!

Denn depressive Kinder fühlen sich schlecht und können es nicht verständlich ausdrücken. Sie machen es uns schwer, Mitleid zu empfinden. Sie sind unfreundlich, schlecht gelaunt, wehleidig, unordentlich, antriebsarm („lahm" und „faul") und versteckt vorwurfsvoll.

Depressive Kinder sind so ganz anders als traurige Kinder. Einige spüren noch nicht einmal ihre Trauer, sie scheinen eher innerlich leer zu sein. Sie wirken, als hätten sich in ihnen Ängste, Schuldgefühle, hohe Kränkbarkeit, Wut und Ärger zu einem

Knäuel von Gefühlen verwickelt. Wir mögen sie nicht wegschicken, aber wir können sie auch nicht immer um uns haben.

Depressive Kinder rufen in uns das unangenehme Gefühl der Hoffnungslosigkeit hervor. Sie bringen uns dazu, immer wieder Fragen zu stellen, auf die wir keine Antworten erhalten. Wir fühlen uns schuldig und tun alles, diese Schuldgefühle loszuwerden – mit Vorwürfen gegen andere und am Ende wieder gegen uns selbst. Wenn auch das nicht weiterbringt, dann reagieren wir am Ende gar selbst mit einer Depression. Damit schließt sich der Kreis – ein Teufelskreis! Denn ein depressives (pessimistisches, gereiztes, verstimmtes) Umfeld wirkt auf einen bereits deprimierten Menschen wie flüssiges Benzin auf ein brennendes Feuer. Die Depression ist eine „ansteckende" Krankheit!

Es gibt drei Wege, diesem Teufelskreis zu entkommen:
- eine klare Diagnose,
- kompetente oder sogar professionelle Hilfe (nicht aber Mitleid oder wohlgemeinte Aufmunterung) und
- Geduld und Unterstützung für einen Menschen, der nicht mehr wollen kann.

Von einer schweren Depression sind heute jedes hundertste Kind unter sechs Jahren, jedes fünfzigste Schulkind, jeder sechste Jugendliche und jeder fünfte Erwachsene betroffen. Ab dem Alter von zwölf Jahren trifft es die Mädchen doppelt so häufig wie die Jungen. Die Gruppe der Betroffenen ist also groß. Das Alarmierende ist, sie wird von Jahr zu Jahr größer!

Die Kinderdepression ist keine kurze Periode von Verstimmung und Niedergeschlagenheit. Depressive Kinder leiden länger als ein halbes Jahr an einer solchen Erkrankung, und nehmen sie gar eine depressive Entwicklung, so dauert die mindestens drei Jahre an. Während dieser gesamten Zeit sind sie derart reizbar, daß es ihrer gesamten Umgebung schwer fällt, sie zu ertragen. Findet keine Behandlung statt, so ist die Prognose beunruhigend schlecht: Zwei Drittel aller Kinderdepressionen wiederholen sich in einem Fünf-Jahres-Abschnitt, viele gehen in eine Erwachsenendepression über.

Immer mehr sind es auch die Kinder, die von dieser Seuche der Gegenwart erreicht werden. Warum die Kinder? Die Kinder des 21. Jahrhunderts müßten eigentlich die glücklichsten sein, die je aufgewachsen sind. „Müßten?" Sind sie's etwa nicht? Haben sie nicht Spielzeug, gesundes Essen und Unterhaltung im Überfluß? Sind sie etwa alle „verwöhnt" und wissen es gar nicht zu schätzen, daß es ihnen so viel besser geht, als es ihren Eltern, Großeltern und Urgroßeltern in deren Kindheit ergangen ist? Plagen wir Eltern uns nicht schon genug mit Schuldgefühlen, weil wir sie zu viel alleine lassen und weil wir zulassen, daß ihre zukünftige Umwelt zerstört wird? Zahlen wir nicht schon genug für jede erdenkliche Form ihrer schulischen, sportlichen oder musischen Förderung?

Solche und ähnliche Fragen beschäftigen Eltern heute, in einer Zeit, in der immer mehr aller Kinder gewünscht, geplant und gesund zur Welt kommen, mehr als je zuvor.

Ich weiß nicht, ob Kinder zu Beginn dieses neuen Jahrhunderts unglücklicher oder glücklicher sind als Kinder vergangener Zeiten. Und ich mißtraue jedem, der seinen Kulturpessimismus oder Kulturoptimismus auf Kinder projiziert. Ich weiß nur, daß es heute eine große und wachsende Zahl von Kindern gibt, die als depressive Kinder keine Zukunft haben!

Wir verfügen aber heute über wertvolle Erfahrungen darüber, wie man depressive Kinder verstehen kann und wie sich ihr verworrenes Knäuel aus Gefühlen, Gedanken und Verhalten auflösen läßt. Davon handelt dieses Buch.

Im I. **Abschnitt** werden sechs Kinder, Mädchen und Jungen, im Alter zwischen 8 Monaten und 13 Jahren vorgestellt, deren Eltern uns in der Kinderschlafambulanz aufgesucht haben. Obwohl sie alle eine höchst verschiedene Störungssymptomatik und nicht nur Schlafstörungen zeigten, litten sie doch alle an einer Kinderdepression. Von einigen Kindern lernten wir nicht nur ihre Vorgeschichte kennen. Ihre Eltern nahmen zum Teil viele Jahre später wieder Kontakt zu uns auf. Und so erfuhren wir von ihrer weiteren Entwicklung, die in vielen Fällen überraschend anders verlaufen war, als wir sie damals geglaubt hatten vorhersagen zu können. Aus den „Fallgeschichten" wird deutlich, wie verschieden eine kindliche Depression aussehen kann, je nach dem Alter, in dem ein Kind von dieser heimtückischen Erkrankung heimgesucht wird.

Der **II. Abschnitt** umfaßt in sieben Kapiteln die Themen, die sich um ein depressiv erkranktes Kind herum auftun. Die Depression ist eine nur schwer in einem Bild zu fassende Störung. Trauer, Wut, Angst und Schuld schlagen sich mit ganz eigenen Farben nieder und machen es nicht nur dem Laien schwer zu erkennen, daß sie alle einen gemeinsamen Grundton haben, die Farbe „Grau", grau wie der Schatten, der sich über das Leben eines Kindes, eines Jugendlichen, einer Mutter oder eines Vaters legt. Die Depression ist wie eine ansteckende Krankheit. Sie breitet sich auf den Geist, das Gemüt und den ganzen Körper aus. Sie steckt alle an, die näher mit einem Depressiven zu tun haben. Deswegen ist es so wichtig für Eltern zu verstehen, wann sie selber gefährdet sind und wann sie mit ihrer eigenen Depressivität ihr Kind in Mitleidenschaft ziehen können.

In einem eigenen Kapitel werden die „Masken" beschrieben, hinter denen sich eine Kinderdepression zu verstecken pflegt. Denn wenige der erkrankten Kinder sind „nur depressiv". Viele sind in ihrem Verhalten aggressiv und zerstörerisch, andere leiden unter Eßstörungen, wieder andere sind konzentrationsgestört und unruhig, haben Schlafstörungen oder scheinen voller Hemmungen zu sein. Selbstmordgefährdung ist bei depressiven Kindern zum Glück nur sehr selten zu beobachten, aber im Jugendalter wird sie zur gefährlichsten Komplikation einer Depression und nach dem Unfalltod zur zweithäufigsten Todesursache.

Der **III. Teil** stellt Modelle der Depression dar. Es gibt einige Theorien und Störungskonzepte, die zum Verständnis der kindlichen Depression und zur Depression der Erwachsenen einen wichtigen Beitrag geleistet haben. Nicht nur für Wissenschaftler sind solche Modelle von Interesse, sondern auch für alle, die in dem grauen Nebel, den diese eigenartige Krankheit um sich herum verbreitet, nach einer Orientierung suchen, um ihr nicht hilflos gegenüberzustehen. Die Depressionstheorien aus Biologie, Medizin, Psychologie und Soziologie sind aus heutiger Sicht gar nicht mehr so widersprüchlich, wie sie uns noch vor wenigen Jahren erschienen sind. Heute gibt es schon gut begründete Sichtweisen, die die Befunde aus den verschiedensten Bereichen der Wissenschaft und der Therapie sinnvoll integrieren können. Leider ist das Wissen um die Kinderdepression noch bei weitem nicht so umfangreich wie das über die Depression im Erwachsenenalter. Das liegt zum einen daran, daß Forscher noch bis vor etwa zwanzig Jahren den roten Faden in der Symptomvielfalt depressiver Symptome bei Kindern nicht haben erkennen können. Zum andern liegt es daran, daß sich die Ausprägungen der Kinderdepression wie die aller seelischen Störungen bei Kindern mit dem Entwicklungsalter so rasch ändern. Hier haben die Langzeituntersuchungen in den letzten Jahren viel zur Aufklärung beigetragen.

Für das Verständnis und für die Therapie der Kinderdepression haben zwei Theorien eine zentrale Bedeutung bekommen, die noch wenig in der Öffentlichkeit bekannt sind – die „Bindungstheorie", die auf den englischen Kinderpsychiater und Psychoanalytiker John Bowlby zurückgeht, und die „Streßtheorie", die für den Kinderbereich noch eher in den Anfängen steckt, aber bereits jetzt zu faszinierenden Einsichten führt.

Im **IV. Abschnitt** schließlich geht es darum, was Eltern, Erzieher, Lehrer und Fachleute tun können, um depressiven Kindern zu helfen. Noch immer sind die Therapieansätze ideologisch nach Schulen (Psychoanalyse, Verhaltenstherapie, Kognitive Therapie, Familientherapie, Psychopharmakotherapie u. a. m.) getrennt – sehr zum Nachteil der betroffenen Kinder. Doch inzwischen hat die jahrzehntelange Konkurrenz zwischen den Therapie-Schulen zu „integrativen Behandlungskonzepten" geführt, die sich den einseitigen Vorgehensweisen immer deutlicher als überlegen erweisen. Deswegen muß die Frage nach der geeigneten Therapieform heute nicht mehr lauten: Welche Therapie führt zu den besten Resultaten? Vielmehr sollte sie lauten: Wer kann wann mit welchen Mitteln bei welchem Kind welche Besserung in welcher

Zeit herbeiführen? Aufklärung, Beratung, Umgang mit der Erkrankung in der Familie, Psychotherapie und medikamentöse Behandlung besitzen jeweils einen eigenen Stellenwert in der Behandlung und in der Prävention.

Wirklich kompetente Eltern, Ärzte, Psychologen oder Lehrer kennen die Möglichkeiten und die Grenzen ihrer „Berufsrolle". Und sie engagieren sich für ein Kind in seiner depressiven Situation, ohne den Blick für das Ganze zu verlieren. Das Ganze aber ist nicht die „Störung", sondern das Kind selbst in seiner Familie, in seiner Umwelt und in dem Abschnitt seiner Entwicklung, auf dem sich sein ganzes weiteres Leben aufbaut.

I. Sechs Kindergeschichten

1. Kapitel

Kinder sind immer unterwegs in die Zukunft. Sie wollen wissen, was morgen passiert, und zumindest bis zum Entritt in die Pubertät ist es ihnen ungeheuer wichtig, älter zu werden. Auch wenn sie an einer Depression erkranken, sind sie doch in erster Linie einmal Kinder. Und so nimmt ihre seelische Erkrankung auch eine andere Gestalt an als die Depression erwachsener Menschen. Depressive Kinder grübeln nicht gerne über die Vergangenheit, wie depressive Erwachsene das tun. Sie träumen sich in eine Zukunft, von der sie aber nicht glauben, daß sie einmal Realität werden könnte. Die Unterschiede sind bisweilen so groß, daß sich die Fachleute nicht einig sind, ob die Kinderdepression nicht überhaupt eine eigene Erkrankung ist.

Wenn man aber genau hinschaut, dann findet man auch bei depressiven Kindern alle Anzeichen einer depressiven Erkrankung vom Erwachsenentyp. Nur sprechen Kinder noch viel stärker über ihren Körper von ihrem Leiden, und sie plagen sich nur in Ausnahmefällen mit Selbstmordgedanken. Auch sind die einzelnen depressiven Episoden oft kürzer, aber im Schnitt dauern sie länger als ein halbes Jahr an.

Es ist schwierig, depressive Symptome von Verhaltensstörungen oder Schüchternheit zu unterscheiden. So verlaufen kindliche Depressionen in der überwiegenden Mehrzahl nicht als begrenzte depressive Krankhcitsepisoden, sondern als „Dysthymie", d.h. als depressive Entwicklung mit eher stiller Symptomatik. Das macht das Heimtückische dieser Krankheit aus, daß sie so lange zu Fehldeutungen verführt, bis es wirklich zum Zusam-

Fünfzehn Fragen an Eltern und Erzieher zur emotionalen Stabilität eines Kindes

1. Kann Ihr Kind ausdauernd und kreativ spielen?
2. Kann es sich gut konzentrieren? Neigt es zu Tagträumen?
3. Neigt es dazu, schüchtern, ängstlich oder verschämt zu reagieren?
4. Ist Ihr Kind häufig emotional unausgeglichen oder leicht gereizt?
5. Zeigt Ihr Kind Einschlaf- oder Durchschlafstörungen, oder hat es Alpträume?
6. Fehlt es Ihrem Kind an Appetit, oder aber muß es gebremst werden, ständig zu essen?
7. Kotet es (nach dem 3. Lebensjahr) noch oder näßt es wieder ein?
8. Verunfallt es des öfteren?
9. Zeigt Ihr Kind starke Trennungsschwierigkeiten?
10. Fällt es ihm schwer, sich trösten zu lassen?
11. Ist Ihr Kind häufig krank oder erschöpft?
12. Klagt es häufig über Bauchschmerzen?
13. Findet Ihr Kind Anschluß an Gleichaltrige?
14. Kann es sich mit Ihnen oder mit anderen freuen?
15. Fäll es ihm schwer sich zu beruhigen, wenn es geweint oder geschrien hat?

menbruch kommt. Dabei wäre es für diese Kinder so wichtig, daß sie früh behandelt würden. Denn die Dauer der depressiven Entwicklung und die Anzahl der depressiven Episoden bestimmen über die Frage, ob aus der Kinderdepression eine lebenslange hohe seelische Verletzbarkeit wird.

Die nachfolgenden Kindergeschichten erzählen von Kindern in sechs verschiedenen Entwicklungsstufen. Die Krankheit hat für sie höchst verschiedene Ursachen und Auslöser. Von allen Kindern gibt es Berichte über ihre weitere Entwicklung, so daß deutlich wird, welchen Einschnitt die kindiche Depression in ihrem Leben bedeutet hat.

Anne, 8 Monate alt

Die Welt, in die Anne geboren wurde, befand sich im Krieg, ihr Geburtsort lag im sicheren Frieden. In den ersten Lebensmonaten ihres Lebens war der Krieg der stärkere von beiden geblieben, und er hatte sie in totes Land ausgesetzt, in dem es keine Wärme und kein Leben gab, das sich aus sicherer Zuwendung hätte entwickeln können. Der Schauplatz war eine kleine, jedoch sehr behagliche Wohnung in Süddeutschland, im ländlichen Gebiet an der Grenze zur Schweiz. Dort lebten ihre noch recht junge Großmutter und ihre übrigen albanischen Verwandten. Ihre Mutter war nur kurz aus dem fernen Süden gekommen, hatte sie zur Welt gebracht und war daraufhin gleich wieder abgereist. Es hieß, Anne habe einen serbischen Vater und ihre Mutter habe sich geweigert, sie abtreiben zu lassen.

So war Anne an ihrem dritten Lebenstag bei der Großmutter gelandet. Denn wo sollten sie die Säuglingsschwestern schon hingeben, als sie alleine und ohne Mutter in ihrem Bettchen auf der Wöchnerinnenstation lag? Der Name der Großmutter hatte auf der Karte der Krankenversicherung gestanden, und die Adresse hatte man im Telefonbuch gefunden. Die Verwandten mußten zusammenrücken und für Anne ein Zimmer freimachen. Aber auch sonst bekam Anne gleich zu spüren, was die Familie von Annes Mutter hielt, seit sie die Schule der Asylbewerber abgebrochen hatte, um zu ihrem Freund nach Sarajewo zu ziehen, zum Feind – und das mitten im Krieg.

Anne wurde gewickelt, Anne bekam das Fläschchen, Anne schlief und schlief. Was sollte sie auch sonst tun? Das Zimmer war abgedunkelt, und alle zwei Stunden kam jemand herein, gab ihr das Fläschchen und verschwand wieder. So war es viele Monate gegangen. Doch dann hatte Anne Fieber bekommen, Mittelohrentzündung, wie der Notarzt festgestellt hatte. Die verschriebenen Medikamente hatten dann einen derart schlimmen Durchfall gemacht, daß schließlich der Kinderarzt gerufen wurde. Anne war apathisch, das heißt, sie lag stumm in ihrem Bettchen, die großen dunklen Augen zur Decke gerichtet. Sie hatte Fieber, die

Ohren waren gerötet und standen vom Kopf ab – was auf eine gefährliche Eiteransammlung in diesem Bereich schließen ließ. Aber Anne schien gar keine Schmerzen zu haben.

Anne weinte das erste Mal, und das sehr heftig und eindeutig, weil sie Schmerzen empfand, als ich sie drei Tage später in der Kinderklinik erstmals sah. Der Kinderarzt hatte Anne sofort eingewiesen und dafür gesorgt, daß Anne rund um die Uhr von nicht mehr als zwei Kinderkrankenschwestern umsorgt wurde. Eigentlich war ich ganz überflüssig, denn das Entscheidende hatte der Kinderarzt bereits getan. Er hatte die Situation, ihre unhaltbare Lage, gleich richtig eingeschätzt, hatte eine pädiatrische Diagnose gestellt, nämlich „Eitrige Mittelohrentzündung", und eine zweite Diagnose vermutet: „Anaklitische Depression". Ich mußte also nur noch seine Vermutung bestätigen.

Kommentar: Anne ist zum Zeitpunkt ihrer Klinikaufnahme bereits acht Monate einer seelischen Mangelsituation („psychosoziale Deprivation") ausgesetzt gewesen, wie sie auch in unseren Gegenden noch vorkommt, wenn ein Kind in eine Umwelt geboren wird, in der es als ein ungewollter Fremdkörper betrachtet wird. Obwohl sie körperlich ausreichend versorgt worden war, war sie schwer krank geworden. Die Erreger, die eine Mittelohrentzündung ausgelöst hatten, fanden einen abwehrgeschwächten Körper vor und einen Säugling, der bereits apathisch, das heißt unfähig geworden war, Schmerzen anzuzeigen. Daß Anne unter einer schweren Form einer Depression im Säuglingsalter („anaklitische Depression") litt, wurde deutlich über den Weg ihrer Genesung. Am dritten Tag einer „ausreichend guten Bemutterung" in der Kinderklinik konnte sie erstmals weinen, dann wurde sie sehr anhänglich und protestierte heftig, wenn eine der beiden Kinderkrankenschwestern sie verlassen wollte. Es brauchte manchmal zwei Stunden, bis Anne die „Ersatzmutter" akzeptieren mochte.

Wie Annes weitere Entwicklung verlaufen wird, ist zur Zeit noch nicht zu sagen. Jedenfalls wurde sie aus der Klinik heraus von einem sehr liebevollen jungen Paar adoptiert, das wegen einer Erbkrankheit der Frau keine Kinder kriegen wollte. Aus

Annes leiblicher Herkunftsfamilie gab es keinerlei Widerstand
gegen die Adoption ...

Boris, 2 Jahre alt

Es gibt für Kinderärzte Zeiten, da können sie schon die Diagnose vermuten, wenn sie nur auf ihre Armbanduhr schauen. Dazu gehören die Bauchschmerzen der kleinen Kinder, zu denen sie in den frühen Abendstunden gerufen werden. Zwar können kindliche Bauchschmerzen Dutzende von verschiedenen Ursachen haben, aber diese Bauchschmerzen melden sich pünktlich dann zur Stelle, wenn ein kleines Kind nach dem Spielen allmählich zur Ruhe kommt und nun ins Bett gehen soll.

Boris war so ein kleiner Junge, und seine Bauchschmerzen hatten sich bereits zwei Wochen lang immer zwischen sechs und sieben Uhr abends eingestellt. Er hatte es seinem Kinderarzt schwer gemacht, eine Ursache zu finden. Und da er auch noch schlimme Ein- und Durchschlafprobleme hatte, brachten ihn die besorgten Eltern eines Tages auf Anraten des Kinderarztes in unsere Kinderschlafsprechstunde.

Gleich bei der Begrüßung der Familie kam ich mir vor wie ein garstiges Ungeheuer, das bereit war, im Handstreich ein Kind zu rauben und es den Eltern nie wiederzubringen. Boris schrie laut, als ich mich ihm nähern wollte, und klammerte sich fest ans Bein der Mutter, und fast hätte er die Eltern daran gehindert, mir zur Begrüßung die Hand zu geben. „Ich glaube, das wird heute nichts. Wir kommen lieber ein anderes Mal wieder", meinte die Mutter zur Begrüßung. Der Vater machte ein Gesicht, als wollte er sagen, dafür habe ich mir extra heute in der Firma frei genommen!

Im Behandlungszimmer, in dem wir uns dann alle auf einer großen Decke niederließen, dauerte es eine gute halbe Stunde, bis Boris zögernd auf mich zugekrochen kam. Das heißt, eigentlich waren es die Fingerfarben, die den Bann offensichtlich gebrochen hatten, und die hatte ich um mich herum aufgebaut.

Die Geschichte der Familie, die ich jetzt erfuhr, war gar nicht so außergewöhnlich und hätte einen bei erster oberflächlicher Betrachtung denken lassen: So gut wie dieser Boris hätte ich's auch gerne gehabt! Die Eltern hatten sich schon vor vielen Jahren in der Schule kennengelernt. Sie wollten sich mit der Familiengründung noch etwas Zeit lassen, da beide eine gute Stelle hatten, die Aussicht bot für eine aussichtsreiche rasche Karriere. Aber als die Mutter dann schwanger wurde, da waren sie schnell mit der neuen Situation versöhnt. Als Beata, ihr erstes Kind, zur Welt kam, da schien das Familienglück perfekt zu sein. Sie war ein sehr hübsches kleines Mädchen, das zwar wegen einiger Atemprobleme für eine Woche auf der Säuglingsstation zur Beobachtung bleiben mußte, aber dann schien alles normal zu verlaufen. Das Glück der Eltern war so groß, daß sie sogar die Nachricht von dem Konkurs ihres Arbeitgebers und ihrem Arbeitsplatzverlust gelassen hinnahmen. Innerhalb von drei Wochen hatte der Vater eine neue Stelle gefunden. Aber dafür mußten sie in eine ferne Stadt umziehen.

Kaum waren sie dort angekommen, da wurde Beata plötzlich krank. Ein banaler Virusinfekt, hatte der Kinderarzt gemeint. Aber dann fanden die Eltern eines Morgens Beata leblos in ihrem Bettchen liegend vor. „Plötzlicher Kindstod unklarer Ursache" hatte die Diagnose gelautet. Beata war nur vier Monate alt geworden. Die Erschütterung der Eltern war groß.

Aber sie kamen bald überein, das beste sei es, wenn sie gleich ein zweites Kind bekommen würden. Der Wunsch ging schon zwölf Monate später in Erfüllung – und das war Boris. Die Mutter hatte ja noch alle Anziehsachen, das Bettchen und die Schlaftiere von Beata, und so erbte Boris alles. Die Mutter fand, daß er Beata sehr gleiche und verwechselte auch gelegentlich ihre Namen.

Sie ließ Boris nie aus den Augen, sogar im Badezimmer und auf der Toilette hatte sie ihn ständig dabei. Der Vater hatte sich daran gewöhnt, im Wohnzimmer schlafen zu müssen, damit Boris sein Bett mit der Mutter teilen konnte. Sie hatte ihn bis jetzt nicht abzustillen versucht. „Boris ist sehr sensibel, er braucht mich immer", erklärte sie mir, als ich sie fragte, warum sie ihren

Sohn immer noch stille, obwohl er ihr mit seinen Zähnchen beim Trinken jedesmal ziemlich starke Schmerzen verursache.

Boris lernte laufen und sprach schon eine Menge Wörter, nur trennen mochte er sich nicht von der Mutter. Das Einschlafritual verlief jeden Abend mit demselben Ausgang: Die Mutter legte Boris ins Bett des Vaters, sang und schmuste mit ihm lange und ausgiebig, bis ihm vor Müdigkeit die Augen zugefallen waren. Kaum versuchte sie vom Bett aufzustehen, da wurde er wieder hellwach, schrie und weinte und kam erst wieder zur Ruhe, wenn die Mutter sich zu ihm legte – und so begannen ihre Nächte jeden Abend vier Stunden früher als geplant. Alle zwei Stunden wollte Boris ihre Brust haben, in den frühen Morgenstunden liebte er es, dabei noch etwas länger von der Mutter unterhalten zu werden. So kam sie trotz frühem Zubettgehen zu wenig Schlaf, und es waren kurze, unterbrochene Nächte. Da sie immer erschöpfter geworden war, hatte sie sich daran gewöhnt, morgens bis zehn oder gar elf Uhr im Bett liegen zu bleiben, und Boris holte mit ihr zusammen seinen Nachtschlaf in den Morgenstunden nach. Denn auf sie wartete ja niemand – außer Boris.

In der neuen Umgebung hatte sie sich von Anfang an nicht wohlgefühlt. Ihr Mann blieb immer länger am Arbeitsplatz, wegen der Einarbeitungsprobleme, sagte er, und weil sie ja sowieso keine Zeit mehr alleine miteinander verbringen könnten – ohne Boris.

Daß irgend etwas mit ihr nicht stimmte, hatte ihr zuerst der Kinderarzt gesagt, in dessen Sprechstunde sie plötzlich in haltloses Weinen ausgebrochen war. Das war ihr sehr peinlich gewesen, vielleicht läge das ja daran, daß sie nicht mehr zum ruhigen Schlaf gekommen sei. Für Boris war sie bereit, einen weiteren Arzt aufzusuchen, sie selber aber brauche wirklich keine Hilfe.

Kommentar: Boris wird wegen chronischer Ein- und Durchschlafstörungen in der Kinderschlafambulanz vorgestellt. Aber die eigentliche Patientin ist seine Mutter. Nein, eigentlich taugt unsere konventionelle Vorstellung von einer individuellen Krankheit in diesem Fall nicht viel. Denn im Umfeld einer schwerwiegenden Trennungsstörung eines Kindes gibt es typischerweise immer mindestens noch einen weiteren Patienten!

Boris' Mutter hatte um den Verlust ihres ersten Kindes nie trauern können. Boris wurde ihr Ersatzkind („replaced child syndrome"). Auf ihn übertrug sie alle ihre Ängste, die eigentlich immer noch der verstorbenen Beata galten. So wuchs Boris in den Anziehsachen und mit den Schmusetieren seiner verstorbenen Schwester, das heißt als Ersatz-Beata auf.

Boris konnte nie lernen sich zu trennen, da die Mutter ihm keine Gelegenheit dazu geben mochte. Mit der ununterbrochenen Fortsetzung des Stillens erhielt sie sich einen Säugling, wie Beata einer gewesen war, ehe sie mit vier Monaten plötzlich von ihr „getrennt" wurde. Die Mutter konnte Boris' Signale nicht wahrnehmen, mit denen er tagtäglich anzeigte, daß er auch mal für sich alleine sein wollte. Und Boris hatte diese Signale zur Genüge gegeben – was jedes Kind in diesem Alter tut!

So entwickelte sich bei Boris eine Trennungsangststörung mit bereits ersten Anzeichen einer depressiven Zuspitzung („Bauchschmerzen"). Die Mutter aber war über der Fülle ungeschlafener Nächte, verdrängter Trauergefühle, Verlassenheitsängste und Sorgen um den Fortbestand ihrer Ehe inzwischen selber zur Patientin geworden. Die Diagnose der Mutter lautete auf „Reaktive Depression mit somatischem Syndrom".

Der weitere Verlauf, den das Geschick der Familie in den nachfolgenden Wochen nahm, ist ein typisches Beispiel dafür, was sich oft hinter den Bauchschmerzdiagnosen so mancher Kinderärzte in den frühen Abendstunden verbirgt (viele Kinderärzte ahnen das bereits von Anfang an selber). Boris erwies sich bald schon als der unkomplizierteste Teil der jungen Patientenfamilie. Die Eltern beherzigten erfolgreich einige Kinderschlafregeln, die Mutter legte Boris abends in sein Bettchen im eigenen Zimmer (in dem Beata gelegen hatte!), das Abstillen machte kaum Probleme, der Vater zog zurück in sein Bett, und die Eltern hatten nach zwei Monaten wieder Abende für sich alleine.

Die Behandlung der Mutter gestaltete sich indes viel schwieriger und konnte auch nicht ohne zusätzliche Hilfe von antidepressiven Medikamenten erfolgen. Sie sank nämlich kurz nach dem

Besuch bei uns in eine tiefe Erschöpfungsdepression, in der sie über Stunden nur noch weinen konnte. Alle Ängste und Schuldgefühle, die sich um Beatas Tod gerankt hatten, brachen hervor. Plötzlich wurde ihr deutlich, wie unwohl sie sich in der neuen Stadt fühlte und wie sie immer mehr gegen die Angst gekämpft hatte, ihr Mann könnte sie wegen einer Freundin am Arbeitsplatz verlassen. Ihre Eifersucht erwies sich als nicht ganz unberechtigt.

Doch als dies Thema zur Sprache kam, da wurde der Vater für kurze Zeit zum Patienten. Auf einmal wurde ihm klar, wie ungern er aus seiner alten Firma fortgegangen war und daß er seitdem das Gefühl hatte, beruflich alles wieder von Grund auf anpacken zu müssen. Er hatte in seiner Geschichte auch einen schweren unverarbeiteten Verlust zu beklagen. Sein Vater war am Herzinfarkt verstorben, als er gerade in die Pubertät gekommen war. Damals hatte er sich in eine Vielzahl von kurzen erotischen Abenteuern gestürzt. In seiner Einsamkeit hatte er jetzt das gleiche wieder versucht. Interessanterweise wußte seine Frau zwar vom frühen Tod des Schwiegervaters, aber nichts davon, wie er damals seine Einsamkeit zu bekämpfen versucht hatte. Sie selber war Freundin Nummer sieben gewesen. Davon hatte er ihr nie erzählt.

Zwei Jahre nach Abschluß der Behandlung schrieben die Eltern mir eine Postkarte: Die Familie war wieder an den alten Ort zurückgekehrt, der Vater hatte dort in einer anderen Firma eine gute Stelle gefunden, und die Mutter war erneut schwanger geworden. Es würden wohl Zwillinge werden, hatte der Frauenarzt gesagt, und einer der beiden sei möglicherweise ein Mädchen ...!

Carmen, sechs Jahre alt

Es gibt Mädchen, die sich schon, wenn sie in den Kindergarten kommen, zur Freude ihrer stolzen Eltern wie „richtige kleine Mädchen" zu benehmen wissen. Und Carmen war ein solches

Mädchen. Sie hatte drei ältere Brüder, die der Mutter alle etwas zu rauh geraten waren. Eigentlich hatte die Mutter sich immer nur Mädchen gewünscht. So genoß Carmen von Anfang an die ungeteilte Fürsorge der Mutter. Auch dem Vater gefiel es sehr, wie seine Frau Carmen anzog, sie mit bunten Ohrringen schmückte und das ganze Spielzimmer mit Puppen bevölkerte, als gelte es, auch nur dem leisesten Verdacht zuvorzukommen, daß sie nur eine Jungenmutter sei.

Carmen war ein ruhiges Kind, „gemütvoll", wie die Mutter sagte. Sie lernte recht spät sprechen und fand nicht viel Gefallen an Bilderbüchern. Sie malte gerne, stundenlang und sortierte ihre Stifte anschließend fein säuberlich in kleine Pappschachteln, die die Mutter ihr mit „Fleißkärtchen" bunt beklebt hatte. Carmen weinte nur, wenn die großen Brüder sie geärgert hatten – und das geschah nicht selten. Aber sie konnte sich immer der Unterstützung der Mutter sicher sein. Als sie sechs Jahre alt war, da rieten die Kindergärtnerinnen den Eltern, Carmen noch ein Jahr von der Schule zurückzustellen, da sie noch zu verspielt sei. Aber Carmen wollte nicht. Schließlich würden auch ihre Freundinnen bald zur Schule gehen.

So kam sie in das erste Schuljahr, das heißt, eigentlich kamen sie und ihre Mutter ins erste Schuljahr. Denn die Mutter nahm sich vom ersten Schultag an viel Zeit, mit Carmen zu üben. Die Hausaufgabenstunden wurden bald länger und länger, schließlich füllten sie fast den ganzen Nachmittag aus. Die Mutter beklagte sich nicht, sondern genoß es, mit ihrer Tochter die Stunden nachholen zu können, die sie sie am Vormittag vermißt hatte.

Als das erste Schulhalbjahr vorbei war, bat die Lehrerin die Eltern zu einem Gespräch. Was sie nun erfuhren, wollten sie erst gar nicht glauben, dann wurden sie zornig auf die Lehrerin und schließlich fanden sie auch ihre eigene Erklärung: Die „wilden Jungen", sie mußten Carmen beim Lernen wohl stören, klagte sie nicht jeden Abend beim Einschlafen über ihre Klassenkameraden, und hatte sie nicht immer wieder bitterlich geweint und gesagt, sie wolle nicht mehr zur Schule gehen – der „bösen" Jungen wegen?

Die Lehrerin wirkte sehr besorgt um Carmen; es war unschwer zu merken, daß sie sie mochte. Doch was sie nachdenklich gemacht hatte, war Carmens Ordnungsliebe. Carmen war offensichtlich die meiste Zeit in der Schule damit beschäftigt, in ihrem Schulranzen und an ihrem Platz für Ordnung zu sorgen. Nur, sie wurde nie damit fertig. In der letzten Zeit hatte die Lehrerin mehrfach an ihren Platz kommen müssen, um sie in den Arm zu nehmen. Sie saß dann wie ein Häuflein Elend da und weinte still in sich hinein. Schon hatte sie in der Klasse den Spitznamen „Heulsuse", und einige Male war sie schon weinend aus dem Raum gelaufen, um sich auf der Toilette zu verkriechen.

Weder die Eltern noch die Lehrerin konnten sich auf all das einen Reim machen. Und so überlegten sie, ob sie wohl heimlich von den anderen Kindern gequält werde, auf dem Schulweg zum Beispiel. Schließlich glaubte die Mutter Anzeichen dafür zu sehen, daß Carmen in der Vergangenheit irgend etwas Schlimmes, vielleicht gar eine sexuelle Nötigung, zugestoßen sei. Ihr war nämlich aufgefallen, daß Carmen sich auffallend rasch vor ihren Brüdern schämte, obwohl in der Familie in keinster Weise eine prüde Atmosphäre herrschte.

Daher ergriff die Mutter selbst die Initiative und drang auf eine rasche Untersuchung in unserer Kinderambulanz. Carmen zeigte sich beim ersten Termin gleich von ihrer freundlichen Seite. Sie erzählte gerne und viel und malte viele große weiße Bögen voll.

Es war eine rundum harmonische Atmosphäre, und wahrscheinlich wäre sie's auch geblieben, wenn ich nicht Carmen gebeten hätte, den Tieren, die sie gemalt hatte, Namen zu geben und diese daneben zu schreiben. Carmen blickte unsicher zur Mutter hin, und es entstand ein bedrückendes Schweigen. Die Mutter erklärte mir, Carmen könne noch keine Buchstaben machen, aber sicher werde sie auch das bald schaffen, wenn sie weiterhin so fleißig üben werde.

Ich bat die Eltern, Carmen und mich für eine halbe Stunde alleine zu lassen. Das schien weniger für Carmen als für die Mutter ein Problem zu sein. Wir nahmen nun kleine Spielpuppen und Bauklötze (Sceno-Testverfahren) und spielten Schule. Auf diesem Wege war es Carmen leichter möglich, mir all die Ängste zu schildern, die sie in der Schule auszustehen hatte. Wie die anderen über sie lachten, wenn sie wieder eine falsche Antwort gegeben hatte und wie ihre „dummen Finger" immer wieder vergäßen, die Buchstaben richtig zu schreiben. Ich erklärte ihr, daß alle Kinder nur lernen könnten, wenn sie keine Angst haben müßten und wenn sie stolz auf sich sein könnten. In einem Test könnten wir untersuchen, wie die Schule auszusehen hätte, in der sie sich wohlfühlen könnte.

Carmen ließ sich ohne Schwierigeiten bei einer psychologischen Kollegin untersuchen. Das Ergebnis bestätigte, daß sie lernbehindert war und ihre geistigen Fähigkeiten für die Anforderungen einer Grundschulklasse nicht hinreichten. Außerdem wurde deutlich, wie sehr ihre Versagensängste ihre reduzierten geistigen Fähigkeiten noch weiter behinderten. Als Carmen von mir das Testergebnis erklärt bekam, da schien sie richtig erleichtert zu sein; sie fragte nur, ob die Mutter vielleicht jetzt böse auf sie sei.

Sie hatte mit ihrer Vermutung nicht ganz unrecht. Die Eltern hatten wirklich große Mühen, unsere Einschätzung zu akzeptieren. Sie ließen Carmen noch an zwei weiteren Stellen testpsychologisch untersuchen, bis sie schließlich der Empfehlung für den Besuch einer Sonderschule-L zustimmen konnten.

Einige Monate später meldete sich die Mutter noch einmal bei mir und bat um ein Einzelgespräch. Carmen ging inzwischen gerne in ihre neue Klasse, zumal mit ihr noch ein weiteres Mädchen übergewechselt war. Die Mutter aber hatte eine Depression entwickelt, in der sie von unerträglichen Schuldgefühlen gequält wurde, für Carmens „Behinderung" verantwortlich zu sein ...

Kommentar: Carmens Geschichte ist eine typische Geschichte, und sie ereignet sich in dieser oder einer anderen Form (zum Beispiel bei überfordernden Gymnasialentscheidungen am Ende der vierten Klasse) leider häufig. Die Mutter hatte in ihrer Fürsorge für Carmen schon früh gespürt, daß Carmen Hilfe beim Lernen brauchte, hatte sie doch den Vergleich mit ihren anderen Kindern vor Augen. Ebenso typisch war die Reaktion Carmens auf die Mitteilung hin, daß sie eine Schule mit anderen Lernanforderungen brauchte – und die Schwierigkeit der Eltern, das, was sie schon seit langem geahnt hatten, nun durch einen Test bestätigt zu finden.

Die Eltern waren ihrerseits Opfer eines gesellschaftlichen Vorurteils, nach dem eine unterdurchschnittliche geistige Begabung als „Behinderung" gilt. Die depressive Reaktion der Mutter spiegelt nicht nur ihre eigene Problematik wider, sondern auch den immer enger werdenden Spielraum, den unsere Gesellschaft Kindern einräumt, die (früh!) eine intellektuelle und soziale Förderung benötigen, damit ihr Intelligenzquotient nicht zum allein bestimmenden Maßstab für ihre Lebenschancen wird.

2. Kapitel
Daniel, 8 Jahre alt

Es war ein warmer Frühlingstag, und eigentlich hatte am Morgen alles so gut angefangen. Daniel war heute früher wach geworden als sonst. Und weil es noch gut zwei Stunden Zeit war bis zum Beginn der Schule – Daniel ging sehr gerne in seine Schule –, konnte er noch lange mit seinen Hunden spielen, mit Terry und ihren drei kleinen Jungen. Zu Weihnachten hatte ihm sein Onkel eine junge Hündin geschenkt. Natürlich hatte damals niemand geahnt, daß sie wenige Wochen später drei kleine Welpen werfen sollte. Seine ältere (Stief-) Schwester hatte die Idee gehabt, sie könnten sich doch gemeinsam um die vier Hunde kümmern. Aber das hatte er gleich abgelehnt. Die Eltern hatten ihm nachgegeben. Sie fanden, daß er als ihr Adoptivkind etwas ganz für sich alleine bräuchte. So hatte er seinen Hunden eine große Holzkiste gebaut, mit Sand und einer großen alten Wolldecke. Sie stand seitdem unter der Kellertreppe, wo es vom Heizungskeller her schön warm war. Der Onkel hatte einige Male angerufen und hatte ihm Tips gegeben, wie er die Kleinen füttern sollte – mit warmer Milch und frischem Fleisch. Sein ganzes Taschengeld war dafür draufgegangen. Gestern hatte er eine ganz besonders große Portion gekauft. Das Fleisch sei nicht mehr ganz frisch, hatte der Fleischer gesagt, aber dafür dürfe er sich davon so viel nehmen, wie er wolle.

Jetzt lagen seine Hunde ganz ruhig auf ihrer Wolldecke. Zum Glück bellten sie nicht, als er sie mit seiner Taschenlampe anleuchtete. Das erste Mal wurde er stutzig, als er ihnen die Wolldecke wegnehmen wollte. Sie rollten einfach zur Seite und blieben am Rande der Kiste leblos liegen. Auch als er einen nach dem anderen auf den Schoß nahm, rührten sie sich nicht. In diesem Augenblick hörte er von oben die Stimme seiner Mutter:

„Daniel, aufwachen! Frühstück!" Mit wenigen Griffen schlug er die Wolldecke um seine Hunde und schleppte sie die Kellertreppe hoch in die Küche.

Das alles lag gut zwei Monate zurück. Es war, wie wenn seit diesem Morgen die Zeit stillgestanden hätte. Als die Eltern mich kurz vor Pfingsten in der Kinderschlafambulanz aufsuchten, da kamen sie wegen der schlimmen Alpträume, die Daniel Nacht für Nacht aufsuchten. Erst nach und nach erfuhr ich von dem grauen Schatten, der sich über Daniel und die ganze Familie gelegt hatte. Daniel wollte nicht mehr frühstücken. Er spielte nicht mehr mit seinen Freunden und vergrub sich stundenlang hinter seinen Schulbüchern. Er riß sich geradezu um die Aufgaben im Haushalt, zu denen man ihn früher immer vergeblich hatte anhalten müssen. All das erledigte er stumm und ohne Murren – als hätte er etwas Schlimmes wiedergutzumachen. Gelegentlich überraschten ihn die Eltern, wie er zusammengekauert unter der Kellertreppe saß, die Arme um die alte Wolldecke geschlungen. Geweint hatte er nicht ein einziges Mal, auch nicht, als der Vater im Garten ein großes Loch ausgehoben hatte, da, wo jetzt die vier Kreuze standen, ein großes und drei kleine.

Kommentar: Daniel hat auf dem Hintergrund einer „unsicheren Bindung" an seine Adoptiveltern eine idealisierte Beziehung zu seinen Hunden entwickelt. Er gab ihnen alles, was ihm vorenthalten worden zu sein schien. Der Tod der Hunde – sie waren an einer Fleischvergiftung gestorben – bedeutete für ihn nicht nur den Verlust geliebter Lebewesen, sondern auch den Zusammenbruch einer Wunschvorstellung. Er hatte sich die Heilung einer inneren Wunde erhofft, des Gefühls, nicht liebenswert zu sein, da seine leiblichen Eltern ihn weggegeben hatten. Deswegen konnte er auch nicht trauern. Denn er hatte nicht nur seine Hunde verloren. Sie waren auch schuld an der Zerstörung seiner Hoffnung, sich selbst geliebt fühlen zu können durch die Liebe, die er ihnen gab. Ambivalente Gefühle verhinderten seine Trauer. In seinen allnächtlichen Alpträumen erfand er eine Lösung, vor der er sich zugleich ängstigte: Er ging in einen Fleischerladen, der Hundefleisch verkaufte. Der Fleischer hatte Ge-

stalt und Stimme seines Onkels. Der Onkel lachte hämisch, und Daniel hob wütend eine große Holzkiste hoch, um seinen Onkel zu erschlagen. Doch ehe er zuschlagen konnte, wachte er regelmäßig auf. Die Angst aber ließ ihn den ganzen Tag nicht mehr los.

Die Verhinderung der Trauer, anhaltende Angst- und Schuldgefühle, unterdrückte Wut auf den Onkel, der ihm zum Kauf von Fleisch geraten hatte, und vergebliche Versuche, durch brave Überanpassung in der Adoptivfamilie doch noch ein Kind „richtiger Eltern" zu werden, verbunden mit körperlicher Erschöpfung wegen Schlafmangels – all das führte allmählich zur Entwicklung einer kindlichen Depression.

Nach einer achtmonatigen psychoanalytischen Spieltherapie hatte Daniel die Krankheit überwunden. Als sich der Todestag seiner Hunde das erste Mal jährte, weinte Daniel bitterlich und konnte wieder frühstücken …

Ellen, 12 Jahre alt

Wie die Mutter mir erzählte, war Ellen eigentlich immer schon ein „schwieriges Kind" gewesen. Sie war zehn Jahre nach dem dritten Kind der Familie zur Welt gekommen. Damals hatte die Mutter sich gerade darauf eingestellt, nach einer langen Pause wieder ihre Arbeit als Gymnasiallehrerin aufnehmen zu können. Dafür war die Familie extra in eine kleinere Stadt gezogen, wo sie ihre neue Stelle antreten sollte. Im dritten Schwangerschaftsmonat hatte sie eine Blutung bekommen und war darüber „fast erleichtert" gewesen. Doch dann hatte der Arzt ihr Bettruhe verordnet, und so war Ellen schließlich doch zur Welt gekommen.

Sie war nur in den ersten zwei Monaten die „süße Kleine" gewesen. Dann begann sie mit ihren Schlafproblemen und diesen nicht enden wollenden Schreianfällen. Sie spuckte die Milch gleich wieder aus, nachdem die Mutter ihr die Brust gegeben hatte. Nun, das sei ein Magenpförtnerkrampf („Pylorusstenose") gewesen, der erst wieder wegging, als der Bruder – er war damals 16 und wollte Krankenpfleger werden – ihr die Nahrung mit dem Fläschchen gab. Ellen sei von ihren drei großen Geschwistern, vor allem von ihrem Bruder, „immer furchtbar verwöhnt" worden. Aber sie als Mutter habe tagtäglich nur Schwierigkeiten mit Ellen gehabt.

Schon früh habe sie ihr Spielzeug kaputtgemacht, Puppen habe sie nie haben wollen, sich dafür aber gerne mit dem Lippenstift der älteren Schwester am ganzen Körper angemalt. Der Vater habe sie als „Früchtchen" bezeichnet und gemeint, sie werde den Männern noch mal den Kopf verdrehen. Ja, sie sei eigentlich immer ein auffallend hübsches Mädchen gewesen. Mit acht Jahren habe sie den BH ihrer Schwester tragen wollen.

In ihrer Klasse sei sie bis heute eine mittelmäßige Schülerin, aber zum Erstaunen der Eltern trotz schlechter Noten immer wieder versetzt worden. So sei sie auch auf Anraten der Klassenlehrerin aufs Gymnasium gekommen, obwohl die Eltern schon sicher mit einer Hauptschulempfehlung gerechnet hätten. Nun sei sie dort „natürlich nicht mehr tragbar". Sie schwänze den Unterricht und flirte mit Mitschülern und sogar mit den Lehrern. Inzwischen habe sie ihre Periode bekommen. „So wie Ellen ist, hab' ich gleich dafür gesorgt, daß sie die Pille nimmt, denn man kann ja bei der nie wissen ...!"

Weshalb sie jetzt zu mir komme, liege an Ellens „Fimmel", unbedingt wie ein Mannequin aussehen zu wollen. Sie esse fast nichts mehr, rauche „wie eine Süchtige" und treibe sich mit irgendwelchen Jungen aus dem Ort herum, so daß es ihren Geschwistern immer peinlicher werde, auf ihre jüngste Schwester angesprochen zu werden. Unlängst sei sie zwei Tage und zwei Nächte einfach weggeblieben und sei dann wieder aufgetaucht, als sei nichts geschehen. Der Vater habe „erzieherisch die Waffen gestreckt" und gemeint, da könne nichts mehr helfen. Sie müsse offensichtlich erst einmal „ganz unten aufstoßen", um wieder „vernünftig" zu werden. Als Mutter sei sie nun mit ihrem Latein am Ende, und außerdem wolle sie sich nicht Vorwürfe machen müssen, sie habe etwas unversucht gelassen.

Als ich wenige Tage später Ellen am Telefon hatte, da glaubte ich, mit einer jungen Frau zu sprechen. Ich sagte ihr, die Eltern hätten mir von ihr erzählt, ich könne mir aber aus vielem gar keinen Reim machen und schlüge ihr vor, einmal selber bei mir vorbeizukommen, sie könne auch eine Freundin oder einen Freund mitbringen.

Ellen sah wirklich aus, als sei sie schon siebzehn oder achzehn Jahre alt. Sie war stark geschminkt, lässig und modisch gekleidet und dünn, als habe sie gerade eine Magersucht überstanden. Vor allem aber, sie kam nicht alleine, sondern mit fünf Freunden (für jedes Familienmitglied einen Vetreter ...). Als ich sie im Wartezimmer begrüßte, bedeutete sie den etwas erstaunten Begleitern, sie sollten in der Zwischenzeit halt einen Kaffee trinken gehen, sie wolle mit mir alleine sprechen. Das Gespräch dauerte länger, als ich es eingeplant hatte, denn just in dem Moment, in dem ich mich von ihr verabschieden wollte – wir hatten uns über die Schule, über Popmusik und über ihre Berufsträume unterhalten –, da setzte sie sich noch einmal hin, ließ die langen Haare nach vorne vors Gesicht fallen und weinte still in sich hinein. Es dauerte sehr lange, bis sie wieder ihren Kopf hob. Und nun begann das eigentliche Gespräch, das erste von fünfen, an deren Ende sie den Wunsch äußerte, sich durch eine Psychotherapie helfen zu lassen – bei einem Mann, denn mit Frauen habe sie keine gute Erfahrung gemacht.

Ellen erzählte nun etwas stockend und leise von dem Leben, das sie hinter ihrer Fassade führte. Und auf einmal war sie ein Mädchen von zwölf Jahren, das sich noch sehr unsicher war, ob es wirklich einmal eine Frau wie die Mutter sein wollte. Schon seit mehreren Monaten fühle sie sich wie von einem inneren Teufel angetrieben, alles, was sie gerade zu sich genommen habe, wieder auszubrechen. Die Mutter denke zwar, sie esse wieder normal, aber sie habe auch noch nicht mitgekriegt, daß sie nach jedem Essen aufs Klo renne, um sich zu übergeben. Da die Mutter voll berufstätig sei und auch sonst immer in Hetze, sei es nicht schwer, diese Brechsucht vor ihr zu verheimlichen. Sie komme sich nicht zu dick vor und habe auch Appetit auf vieles, was sie immer schon gerne gegessen habe. Aber irgendwie habe sie die Vorstellung, daß das Essen in ihr zu Dreck werde, und dann überkomme sie ein schrecklicher Ekel. Schon immer sei sie sich wie ein „Schmuddelkind" vorgekommen. Die Mutter sei eine feine Dame, auch die Schwestern hielten sehr auf ihr Äußeres, lediglich ihrem Bruder sei das ganze Thema wohl nicht so wichtig. Er sei Krankenpfleger und wühle jeden Tag im Dreck anderer Leute.

Sie macht eine Zeichnung von ihrer Familie und skizziert sich selber und den Bruder als gleich große, schlanke „androgyne" Gestalten. Gekleidet in derbe Rangerhosen mit Baseballmütze und muskulösem, aber wenig weiblichem Oberkörper sowie langen blonden Haaren läßt sie bei sich und dem geliebten Bruder offen, welchem Geschlecht sie angehören. Sie erzählt, daß sie immer habe stark sein wollen. Aber seit ein paar Monaten sei ihr innerlich die Kraft ausgegangen. Sie schlafe schlecht, wache morgens früh auf und sei schon bei Schulbeginn „wie gerädert". Auf den Unterricht könne sie sich überhaupt nicht mehr konzentrieren. Sie laufe immer wieder aus den Stunden raus, um auf der Toilette schnell eine Zigarette zu rauchen. Aber auch das bringe sie eigentlich nicht richtig hoch.

Sie kenne dieses miese Gefühl von sich, seit sie sich erinnern könne. Schon als kleines Kind habe sie gedacht, sie sei irgendwie ein Neutrum. Den älteren Schwestern habe sie daher oftmals den BH und den Lippenstift geklaut, nur um sich wie ein richtiges Mädchen zu fühlen. Aber das habe alles nicht lange gewirkt. Die Mutter glaube immer, sie habe etwas mit den Jungen und ihr daher die Pille besorgt. Aber das sei ganz falsch. Sie sei einfach lieber mit Jungen zusammen als mit Mädchen. Neulich habe sie ein Junge küssen wollen, aber das habe sie richtig ekelhaft gefunden. Vor drei Monaten habe sie ihre Periode erstmals bekommen. Seit dieser Zeit sei das auch mit den Brechanfällen. Manchmal denke sie, das Leben sei einfach zu anstrengend und der Tod so etwas wie eine ewige Ruhe.

Kommentar: Ellen ist ein von der Mutter schon vor der Geburt abgelehnter Nachkömmling in einer großen Familie, die von der sehr willensstarken und hoch leistungsfähigen Mutter dominiert wird. Schlaf- und Eßstörungen haben schon früh auf eine be-

ginnende depressive Entwicklung hingewiesen. Der Bruder hat bereits in ihrem ersten Lebensjahr mütterliche Funktion für sie übernommen. Im Kleinkindesalter gelingt ihr nicht die Akzeptanz einer weiblichen Geschlechtsrolle, an dieser „Entwicklungsaufgabe" droht sie jetzt, zu Beginn ihrer Adoleszenz, eine weiteres Mal zu scheitern. Ihr schlechtes Selbstbild eines „Schmuddelkindes" hat sie trotz Schminke und Hungern (um nicht wie eine Frau auszusehen) niemals korrigieren können. Mit Beginn der Pubertät hat sie eine Bulimie entwickelt im Sinne eines Versuchs, die Beschmutzung durch die monatlichen Hinweise auf ihre Weiblichkeit loszuwerden. Dies alles hat, verbunden mit zunehmender Verausgabung in ihrer rastlosen Kontaktsuche, zu einem körperlich-seelischen Erschöpfungszustand geführt, der nun in eine jugendliche Depression übergegangen ist.

Es folgte eine dreijährige Psychotherapie, anfangs mit den Mitteln einer „Interpersonalen Psychotherapie", gefolgt von einer psychoanalytischen Behandlung mit begleitender Familientherapie durch eine separat arbeitende Familientherapeutin. Ellen erholte sich von ihrer Erkrankung, verließ die Familie, um in einem Internat ihre Schulausbildung fortzusetzen und begann ein Medizinstudium. Wenige Monate, nachdem der Bruder bei einem Verkehrsunfall ums Leben gekommen war, verliebte sie sich in einen älteren Kommilitonen und erlebte ihre erste sexuelle Beziehung. Zu ihrer Herkunftsfamilie ist sie bis heute auf Distanz geblieben. Ihr Berufswunsch steht schon seit langem fest: Sie will Kinderärztin werden.

Florian, 13 Jahre alt

„Wenn ich mich auf eine Behandlung bei Ihnen einlassen soll, dann muß ich erst wissen, was dabei rauskommen kann. Wissen Sie, vielleicht werde ich später ja mal selber Psychiater sein, dann könnte ich durch meine eigene Behandlung ja schon mal einiges lernen. Welche Ausbildung haben Sie eigentlich gemacht? Sind

Sie ein Freudianer oder so ein Rattenkonditionierer? Wieviel verdienen Sie eigentlich an meiner Behandlung?" Eine Menge Fragen für die ersten fünf Minuten, in denen ich mit diesem etwas bleichen und überaus nervösen Gymnasiasten zusammensaß. Die Eltern hatten ihn zwar telefonisch angemeldet, aber dann wollte er doch lieber alleine kommen, um, wie er sagte, „die Sache gleich selbst in die Hand zu nehmen".

Ich erinnere mich, daß mein erster Gedanke, als Florian hereinkam war, er friert! Ich fragte ihn, ob ich die Türe zum Balkon zumachen sollte. Darauf ging er gar nicht ein. Statt dessen stellte er mir Fragen, viele Fragen, schwierige Fragen. Irgendwie ließ mich das Thema Frieren nicht los, und so machte ich uns erst einmal einen heißen Tee. Dann sagte ich, ich wolle ihm gerne alle seine Fragen im Laufe der Zeit beantworten, aber jetzt hätte ich auch selber eine Frage: „Du stellst mir so viele schwierige Fragen, noch ehe wir uns überhaupt etwas kennengelernt haben. Ich fühle mich im Augenblick mit deinen Fragen überfordert. Außerdem werde ich das Gefühl nicht los, daß du etwas Warmes gebrauchen könntest. Kannst du mir erklären, wie das kommt? Ist dein Thema vielleicht auch ‚Überforderung'?" Das schien ihn aus dem Konzept zu bringen. Jedenfalls verfiel er nun in ein minutenlanges Schweigen. Still saß er vor mir und rührte in seinem Tee, dabei hatte er ganz vergessen, sich Zucker zu nehmen. Als er dann wieder zu sprechen anfing, merkte ich zum ersten Mal, daß er einen Sprachfehler hatte, er stotterte; es machte ihm Schwierigkeiten, bestimmte Konsonanten wie G und L rauszubringen. Was er nun erzählte – im Laufe des Gesprächs wurde es mit seinem Stottern deutlich besser –, versetzte mich in eine traurige Stimmung. Zudem fiel es mir nicht leicht, mich zu konzentrieren und alle die vielen Details zu behalten, mit denen er seine langen Sätze füllte. Mag sein, es lag daran, daß er so ungeheuer monoton sprach, ohne mich anzugucken.

Ich erfuhr, daß er schon sehr früh habe lesen können und bereits mit neun Jahren aufs Gymnasium gekommen sei. Jetzt habe sein Klassenlehrer den Eltern vorgeschlagen, ihn noch einmal eine Klasse überspringen zu lassen. Ihm sei das egal, das meiste lerne er sowieso nicht in der Schule, sondern aus Büchern, die er sich in der Pfarrbibliothek ausleihe. Dabei lebte er das erste Mal richtig auf, und für den Rest der Stunde berichtete er begeistert von dem Pfarrer und den interessanten Gesprächen, die sie miteinander über Theologie, Philosophie und Astronomie führten. Der Pfarrer könne sich ja nicht nur für ihn Zeit nehmen, er habe ja auch noch soziale Aufgaben. Der Pfarrer schenke ihm auch immer was zum Geburtstag, meist Bücher, weil er die ja von seinen Eltern nicht bekomme. Doch beim letzten Geburtstag vor einem halben Jahr habe er von ihm Fußballschuhe bekommen mit dem sicher gut gemeinten Vorschlag, in einen Fußballverein einzutreten, um mal von den Büchern wegzukommen. An dieser Stelle konnte er irgendwie nicht weiter. Er stotterte, und schließlich liefen ihm Tränen über die Wangen. „All das von früher. Ich weiß ja gar nicht mehr viel. Meine Eltern sollen Ihnen das erzählen. Ich komm' dann wieder zu Ihnen, wenn Sie alles wissen."

Florian hatte recht alte Eltern. Sein Vater war schon sehr früh berentet worden, nachdem er die schwere Arbeit auf dem Bau nicht mehr geschafft hatte, zu sehr hatten ihn seine Gelenke geschmerzt – ein altes Familienleiden. Nach seiner Umschulung machte er seit Jahren industrielle Heimarbeit. Florian kannte seinen Vater nur so: Über den Tisch gebeugt, mit einer Lupenbrille bewehrt kleine elektronische Teile zusammensteckend. Die Mutter war seit ihrer Jugend herzkrank, und eigentlich hätte sie gar nicht schwanger werden dürfen. Doch beide Eltern hatten sich immer Kinder gewünscht. Und so war es wenigstens zu einem gekommen. Florian war von Anfang an anders gewesen als die Kinder, die die Mutter in der Kindergruppe kennengelernt hatte. Er war in seiner gesamten Entwicklung immer seinem Alter voraus. Mit acht Monaten fing er an zu sprechen, mit dreieinhalb konnte er lesen. Die Eltern liebten und bewunderten Florian und versuchten alles zu tun, um ihn zu fördern. Da sie zu einer christlichen Gemeinde gehörten, kannte der Pfarrer Florian von Anfang an sehr gut. Die Eltern waren sehr froh, daß der Pfarrer ihm die geistige Anregung geben wollte, die sie selber Florian nie würden bieten können. Florian war ein stilles Kind, er beobachtete lieber, als selbst zu handeln. Aber die anderen Kinder mochten ihn.

An seinem sechsten Geburtstag passierte dann das, was sein Leben fortan in andere Bahnen lenken sollte. An diesem Tag erwachte er mit Schmerzen am ganzen Körper, seine Gelenke taten ihm weh und einige sahen aus, als seien sie geschwollen. Außerdem hatte er Fieber. Als auch nach einigen Tagen Behandlung mit Fieberzäpfchen die Schmerzen nicht nachließen, kam er in die Kinderklinik. Seit diesem Tag wußte er, daß er eine Krankheit in sich trug, die jederzeit zurückgehen und wiederauftauchen konnte, vielleicht sein Leben lang. Florian war an einer Arthritis erkrankt, einer Gelenkentzündung, deren Auftreten in der Kindheit mit einer ungünstigen Prognose verbunden ist. Er mußte seitdem Medikamente nehmen, und dennoch fiel er immer wieder für ganze Wochen aus, in denen er nur noch zu Hause auf dem Sofa liegen konnte. So war er ans Bücherlesen gekommen. Mit seiner hohen intellektuellen Begabung – sein IQ wurde von uns als über 130 liegend gemessen – und seiner Leselust war er seinen Mitschülern bald in allen Fächern voraus bis auf Sport, an dem er nicht teilnehmen konnte. Und das schmerzte ihn sehr, umso mehr, je älter er wurde. Er war ein wandelndes Lexikon in Sachen Fußball, nur Fußballspielen, das konnte er nicht.

Florian schrieb Gedichte und kleine Erzählungen. Einige davon fand der Pfarrer kurz vor seinem dreizehnten Geburtstag. Was er da zu sehen bekam, beunruhigte den Pfarrer so sehr, daß er die ahnungslosen Eltern drängte, Florian rasch bei einem Kinderpsychiater vorzustellen. Die Geschichten waren düster, es waren Science-fiction-Stories, und dennoch hatten sie eine ganz realistische Botschaft: Das Leben auf dieser Erde ist viel zu beschränkt (behindert!); in einer anderen Welt kann man sich ohne Zeitverlust an jede nur gewünschte Stelle „beamen" (ohne auf körperliche Fortbewegung angewiesen zu sein). Das Problem sei nur, wie man schmerzlos in diese andere Welt gelangen könne. Die Geschichten handelten von allen möglichen chemischen Stoffen, die einen solchen schmerzlosen Übergang ermöglichen sollten. Der Pfarrer hatte – zu recht! – den Eltern Druck gemacht: Er wisse, daß Florian sich damit beschäftige, sich umzubringen. Er sei akut suizidgefährdet!

Kommentar: Florian ist ein hochbegabter und chronisch kranker Junge recht liebevoller, aber völlig überforderter Eltern. Während er in den ersten sechs Lebensjahren aufgrund seines freundlichen Wesens das Schicksal des Ausgestoßenen, weil stets in allen Kindergruppen geistig Überlegenen, vermeiden konnte, brach für ihn eine Welt zusammen, als er sechs Jahre alt war und an einer chronischen Arthritis erkrankte. Die hohe geistige Kreativität und die immer wieder über viele Wochen erlittene soziale Isolierung sowie seine frühe akademische Bildung im Pfarrhaus der Gemeinde führten dazu, daß sich Florian innerlich eine zweite Welt erschaffen konnte, in der er alles vorfand, was ihm seine Krankheit vorenthielt. Diese Konstruktion brach zusammen, als er von seinem verehrten Pfarrer über das Geschenk der Fußballschuhe die Botschaft bekam, sich in dieser Welt zu bewähren. Er mußte sich unverstanden und überfordert fühlen, konfrontiert mit der Einsicht, behindert zu sein und niemanden zu wissen, der ihn unterstützen würde, ein Leben in einer Welt zu führen, in der seine körperliche Behinderung keine Rolle spielte, in der er vielmehr dank seiner geistigen Kraft unschlagbar sein würde. Es wunderte mich nicht, als ich im Verlaufe der Psychotherapie erfuhr, daß Florian alle Bücher des englischen (schwerst behinderten) Physikers Steven Hawkins gelesen hatte, deren er hatte habhaft werden können. Florian war an einer Depression erkrankt, die ein rasches Eingreifen erforderte, denn er stand kurz davor, sich das Leben zu nehmen. Es fehlte ihm nur noch die Erfindung des richtigen chemischen Stoffes, um ihn schmerzlos in eine andere Welt übergehen zu lassen. Chemie war übrigens Florians einziges Fach, in dem er kein „sehr gut" hatte!

Heute ist Florian zweiundzwanzig Jahre alt und schreibt gerade an seiner Doktorarbeit in Physik. Seine Depression der beginnenden Pubertät hatte er nach gut einem Jahr der Behandlung überwunden. Aber es gab immer wieder kurze depressive Einbrüche, weshalb er mich gelegentlich wieder konsultiert. Seine Gelenkerkrankung hat sich deutlich gebessert, er kann Fahrradfahren und schwimmt mit großer Leidenschaft. Die Themen, die ihn in seinen depressiven Verstimmungen beschäftigen, haben sich im Laufe der vergangenen zehn Jahre beständig geändert. Während ihn zu Anfang seine Behinderung am meisten gequält hatte, waren es später starke Schuldgefühle gegenüber den Eltern. Es fiel ihm schwer, die „armen Eltern" zu verlassen, um ein Studium in einer anderen Stadt zu beginnen. In den letzten Jahren waren es vor allem seine Skrupel wegen der möglicherweise gefährlichen Auswirkungen physikalischer Erfindungen. Nach Abschluß seiner Promotion will er sich um eine Stelle als Physiker bei der Umweltorganisation „Green Peace" bemühen.

II. Die Krankheit „Kinderdepression"

3. Kapitel
Was ist „depressiv"?

Die Depression ist ein seelischer und körperlicher Leidenszustand, in dem einem Menschen durch seine Gefühle („Affekte") der aktive Zugang zum Leben verstellt ist. Er ist nicht nur „traurig" oder „enttäuscht", nein, er hat seinen Lebenswillen verloren, er kann nicht mehr wollen. Und damit steht ihm nicht mehr der Motor zur Verfügung, der einem gesunden Menschen tagtäglich (auch in der Nacht!) die Kraft gibt, durch eigenes Denken und Handeln zu prüfen, was seine Wirklichkeit ist. Was tut er in seiner Not? Er richtet sich in seiner neuen Wirklichkeit ein und entfremdet sich von seinen gesunden Mitmenschen immer mehr, je länger sein Zustand anhält. Zuhören fällt ihm ohnedies schwer, und in Gesprächen kommt er sich viel zu langsam vor. Daher gibt er den Versuch, jemanden anzusprechen, bald auf. Irgend etwas scheint mit der Kommunikation anders geworden zu sein. Die anderen wenden ihren Blick ab, sobald sie ihn angeschaut haben. Haben sie etwas gegen ihn oder führen sie gemeinsam gegen ihn etwas im Schilde?

Solange er für seine Alltagsbewältigung nur wenig an eigenem Willen aufbringen muß, fällt er in seiner Herabgestimmtheit nur wenig auf. Kommt es aber auf seinen Willen, seine Eigeninitiative an, so erscheinen ihm die Hürden, die die anderen offensichtlich mit Leichtigkeit nehmen, unüberwindlich. Rafft er sich dennoch auf, so ist er bald erschöpft und gibt auf. Er büßt Selbstvertrauen und Entscheidungsfähigkeit ein und kann sich morgens nicht einmal mehr aufraffen, die Nacht zu beenden und den Tag zu beginnen.

Am liebsten möchte er, daß sich nichts ändert, und wenn, dann nur ohne eigenes Dazutun. Denn die Welt, so wie er sie sieht, bietet keine Freude mehr, alles ist für ihn uninteressant geworden. Da ist es naheliegend, daß er immer wieder an den Tod („endlich Ruhe haben!") und an Suizid denkt.

In den frühen Morgenstunden findet er keinen Schlaf mehr, quälende Grübeleien rauben ihm den Schlaf. Das Denken scheint zäh und zugleich nervös zu sein. Er ist sich sicher, dümmer als die anderen zu sein, unattraktiv und nicht in der Lage, richtig denken zu können. Wieder beginnt ein Tag voller innerer Unruhe und sinnloser Hektik.

Das Essen schmeckt nicht mehr. Er schlingt es in sich hinein und nimmt ständig an Gewicht zu, oder aber er verzichtet aufs Essen und verliert in wenigen Wochen mehrere Kilogramm an Körpergewicht.

Dies ist das Bild eines Menschen, der unter einer schweren Depression leidet. Es kann in jedem Lebensalter auftreten und enthält nur einige Züge, die in der Kindheit mehr auftreten als im Erwachsenenalter. So leiden Kinder in ihrer Depression eher unter körperlichen Beschwerden („Bauchweh"), ziehen sich mehr von ihren Freunden zurück, können sich schlechter von Zuhause trennen und schlechter ihren Gesichtsausdruck der Niedergeschlagenheit überspielen. Jungen werden in der Depression häufiger umtriebig, rastlos oder streitsüchtig, Mädchen entwickeln häufiger Ängste oder auch regelrechte Wahnvorstellungen.

Viele der geschilderten Krankheitszeichen kommen auch einzeln vor und verweisen dann auf Trauer, auf Ängstlichkeit, Hemmung, Frustration oder stark unterdrückte Wutgefühle.

Genauso wie einzelne Sterne am Horizont auftauchen können, die uns vermuten lassen, daß sie zu einem bestimmten Sternbild gehören. Erst wenn alle Sterne eines Sternbildes zu sehen sind, können wir uns seiner Identität sicher sein.

Wenn Ihnen einige dieser Symptome bei Ihrem Kind aufgefallen sind, so schauen Sie anhand der unten aufgeführten Schemata, ob wirklich die vollständige Konstellation vorliegt, die Sie zurecht an eine kindliche Depression denken lassen sollte.

Um wirklich sagen zu können, daß ein Kind „depressiv" ist,

muß ein ganz bestimmtes Muster von Symptomen in ausreichender Stärke und über einen Zeitraum von mindestens zwei Wochen vorliegen.

Ein **depressives Kind**

A – Symptome
- wirkt bedrückt oder gereizt,
- ist ohne Interesse und Freude,
- ist antriebslos oder rasch erschöpt,

B – Symptome
- ist nicht bei der Sache, kann nicht spielen,
- traut sich nichts zu, hält nichts von sich selber,
- fühlt sich schuldig und wertlos,
- sieht alles in der Zukunft schwarz,
- ist ständig in Angst,
- kann nicht ausreichend schlafen, hat Alpträume,
- hat keinen Appetit oder ißt übermäßig viel,
- denkt häufig an Tod und Selbstmord.

Dabei gilt eine depressive Episode als „**leicht**", wenn 2 A- und 2 B-Symptome vorliegen, als „**mittelgradig**" bei 2 A- und mindestens 3 B-Symptomen und als „**schwer**" bei 3 A- und mindestens 4 B-Symptomen.

Bei Kindern, die über mindestens ein Jahr immer wieder depressive Verstimmungen (mit mindestens drei C-Symptomen in einigen Perioden von bis zu einer Woche) aufweisen, spricht man von „**Dysthymia**". Dieser aus dem Griechischen stammende Fachausdruck besagt, daß jemand eine gestörte gefühlsmäßige Beziehung zu sich selbst hat. Eine solche Form der Depression bedeutet ein wesentlich längeres Leiden mit wechselnder Intensität, ohne daß indes das volle Ausmaß einer „leichten" Depression erreicht wird.

Ein „**dysthymes**" **Kind**

C – Symptome
- ist antriebsgemindert,
- leidet unter Schlafstörungen,

- hat kaum Selbstvertrauen,
- kann sich schlecht konzentrieren,
- neigt zum Weinen,
- findet keinen Spaß mehr am Spielen
- ist immer wieder verzweifelt,
- kriegt Routinetätigkeiten nicht mehr auf die Reihe,
- grübelt über Zurückliegendes nach und schaut pessimistisch nach vorne,
- zieht sich von Freunden zurück,
- mag kaum noch sprechen.

Zum Glück sehr selten kommt bei Kindern eine Form der Depression vor, bei der es neben den depressiven Phasen auch immer wieder solche von eigenartiger und „unnatürlich" wirkender Hochstimmung gibt. Solche **„bipolaren" Störungen** weisen eine oder mehrere **„manische"** Phasen von wenigen Tagen, aber auch Monaten auf, in denen ein Kind wie aufgedreht und ständig obenauf wirkt. Es redet ständig und springt dabei von Hölzchen auf Stöckchen und muß sofort auf alles reagieren. Es braucht kaum noch Schlaf und riskiert die abenteuerlichsten Unternehmungen, auch wenn es dabei Schaden nimmt. Es verliert seine normale soziale Distanz und entwickelt geradezu größenwahnsinnige Vorstellungen über das eigene Können. Solche Episoden beginnen ganz plötzlich und sind auch für den Laien gut von Phasen zu unterscheiden, in denen ein Kind einfach vor Energie strotzt. Ein manisches Kind wirkt innerlich getrieben und unfrei in seinem Elan. Ältere manische Kinder können angeben, daß es in ihrem Kopf rase, und deuten an, daß sie sich dabei durchaus nicht glücklich fühlen.

Häufiger als manische treten bei Kindern **psychotische Symptome** zusammen mit einer Depression auf. Dazu gehören Wahnvorstellungen und Halluzinationen, die aber – anders als bei der Schizophrenie – zu der gedrückten Stimmung passen und mit ihr kommen und gehen. Man nennt sie daher „synthym". So kann ein Kind eine wahnhafte Übersteigerung seiner Angst vor einer nahenden Katastrophe haben oder sich unentschuldbar verantwortlich für die Krankheit oder den Tod eines geliebten Menschen fühlen. Zu den Wahrnehmungen von Dingen, die es gar nicht gibt, gehören z. B. Geruchshalluzinationen von verwesendem Fleisch oder akustische Halluzinationen mit dem Eindruck quälender Stimmen.

Das Spektrum der Depression ist also sehr weit. Um zu entscheiden, ob eine bestimmte Verhaltensweise oder Äußerung eines Kindes nach Intensität, Dauer und Bedeutung tatsächlich als ein depressives Symptom zu werten ist, bedarf es großer Erfahrung und zumeist einer aufwendigen Diagnostik. Doch die Gefahr bei Eltern, Lehrern und Ärzten ist weniger, daß sie ein Kind zu schnell als „depressiv" einstufen, als daß sie Anzeichen einer wirklichen Depression nicht wahrnehmen und zu spät eine(n) SpezialistIn, d. h. eine(n) Kinderpsychiater(in) oder eine(n) KinderpsychologIn , konsultieren.

In der Umgangssprache werden einzelne Symptome wie z. B. „nah am Wasser gebaut", „lustlos", verdrossen oder „traurig" häufig als „depressiv" bezeichnet. Vermutlich, weil sich das Wissen vieler Erwachsener über das, was eine Depression im Erwachsenenalter ausmacht, in den letzten Jahren durch eine Flut von Veröffentlichungen in den Medien weit verbreitet hat. Aber wie die oben erwähnten Aufstellungen über A-, B- und C-Symptome zeigen, bedarf es für die zutreffende Diagnose einer Depression im Kindes- wie auch im Jugend- und im Erwachsenenalter einer ganz bestimmten Konstellation von Merkmalen. Die Schwere eines oder zweier Symptome alleine reicht dafür nicht aus.

Für die Diagnose „Kinderdepression" gibt es noch eine ganz besondere Schwierigkeit. Denn Kinder drücken ihre innere Not in jeder Altersstufe anders aus. Mit dem Erkennen von depressiven Kindersymptomen tun sich auch Spezialisten bis heute noch schwer. Wahrscheinlich ist das der Hauptgrund dafür, daß die Meinung auch in der klinischen Wissenschaft noch weit verbreitet ist, Kinder würden, wenn überhaupt, dann nur sehr selten depressiv.

Daher soll in den folgenden Kapiteln all das zusammengetragen werden, was man heute schon über altersspezifische Ausdrucksformen der Kinderdepression weiß.

Depressionssymptomatik in den verschiedenen Altersstufen

	Kleinkind	Vorschulkind	Schulkind	Jugendliche/r
Affektausdruck	Trauriges, ausdrucksloses Gesicht Irritabilität	Trauriges Gesicht Irritabilität Launenhaftigkeit	Freudlosigkeit Unglücklichsein Launenhaftigkeit Irritabilität	Klagsamkeit depressive Selbstbeschreibung Irritabilität
Interesse	Spielhemmung	Kontaktarmut	Kontaktarmut Abnahme von Interessen	Interesselosigkeit Lustlosigkeit
Essen	Fütterprobleme Gewichtsänderung	Eßprobleme Appetitlosigkeit Gewichtsänderung	Eßprobleme Appetitlosigkeit Gewichtsänderung	Eßprobleme Appetitlosigkeit Gewichtsänderung
Schlaf	unspezifische Schlafstörungen	unspezifische Schlafstörungen (Pavor nocturnus)	unspezifische Schlafstörungen Alpträume	Ein-, Durchschlafstörung Tagesmüdigkeit Hypersomnie
Antrieb	Lethargie	Lethargie oder Ruhelosigkeit	Lethargie oder Ruhelosigkeit	Lethargie oder Ruhelosigkeit
Affektive Reaktionstendenz	Irritabilität	Wutausbrüche Irritabilität	Aggressive Reaktionen Irritabilität	Aggressive Reaktionen Irritabilität
Selbst	?	Selbstwertmangel	Selbstwertmangel Schuldgefühle	Selbstwertmangel Schuldgefühle
Kognitive Leistung	?	Konzentrationsstörungen	Konzentrationsstörungen Lernhemmung	Konzentrationsstörungen Lernhemmung
Lebenswille	?	Unfallgefährdung	Lebensunlust	Suizidalität
Angst	Bindungsprobleme Trennungsangst	Trennungsangst (Pavor nocturnus)	Schulphobie Alpträume Versagensangst	Angstsyndrome Soziale Phobie
andere körperliche Symptome	Gedeihstörungen	Jaktationen Enuresis Enkopresis Bauchschmerzen	Kopfschmerzen	Somatisierungsstörungen Magersucht

44

4. Kapitel
Vom Säuglingsalter bis zur Pubertät

Vom Moment der Geburt an können Eltern mit Staunen beobachten, zu welch einer Fülle von Emotionen ihr Kind bereits in der Lage ist. Gefühlsäußerungen sind seine wichtigste Form der Kommunikation. Doch wie bei allen Formen der Kommunikation bedarf es auch hier nicht nur eines hochdifferenzierten Senders, sondern auch eines ebenso einfühlsamen Empfängers. Was ein Säugling mit seiner Mimik, seinen Lautäußerungen und seinen Körperbewegungen ausdrückt, muß vom Gegenüber verstanden werden und gespiegelt werden, damit es zum Baustein in seinem Selbstbewußtsein werden kann.

Wie aber können wir wissen, daß wir die Gefühle eines vorsprachlichen Kindes „richtig" verstehen?

Säuglinge zeigen von der Geburt an mimisch-gestische Ausdrucksmuster, die auch dann übereinstimmend von mehreren Beobachtern zugeordnet werden können, wenn sie ganz anderen Kulturen angehören. Dazu gehören Angst, Freude, Interesse(!), Ärger/Wut, Kummer, Überraschung, Ekel/Abscheu(!), Trauer und Scham. Diese Gefühle scheinen so etwas wie Grundgefühle zu sein, die unabhängig vom Gegenüber auftreten. Dafür spricht die interessante Beobachtung der Schlafforscher, daß man alle diese Gefühle auch im Traum-Schlaf (REM-Phase) des Säuglings ausmachen kann.

Die Forscher haben ferner gefunden, daß sich diese Gefühle in den ersten drei Säuglingsmonaten noch weitgehend „automatisch" zeigen, das heißt noch keine Verbindung zur Großhirnrinde (Cortex) herstellen, also noch „unbewußte" Gefühle sind. Erst mit Erreichen des zweiten Lebensjahres können Kinder ihre Gefühle „steuern", d.h. unterdrücken oder intensivieren. Von diesem Moment an beginnt also die „Kultivierung" der Gefühle, die schließlich im Verlaufe der Kindheit so weit geht, daß sie an Intensität deutlich nachlassen und schließlich im Ausdruck vollständig unterdrückt werden können („poker face").

Andere Forscher haben darüber hinaus gefunden, daß die Differenzierung der Gefühle ganz eng einhergeht mit der wachsenden Fähigkeit des Säuglings und Kleinkindes, sich seiner Umwelt zuzuwenden.

Für den 1. Monat haben sie eine hohe Reizschranke ausgemacht, die allerdings auch bei extremen Eindrücken von außen (oder von innen: Schmerzen!) durchbrochen werden kann.

Im 2.–3. Monat wendet sich ein Säugling aktiv der Außenwelt zu mit differenzierter Äußerung von Interesse, Neugier, Freude und erstem „sozialen" Lächeln.

Im 3.–7. Monat beginnt er, seine Gefühle gezielt einzusetzen und zeigt außer einem vollen Lachen auch Enttäuschung und Wut.

Ab dem 8. Monat, wenn das „Fremdeln" einsetzt (aber verstärkt mit 12 Monaten), kann der Säugling ganz aktiv am sozialen Geschehen teilnehmen und zeigen, was ihn vergnügt und was bzw. wen er ablehnt. In dieser Zeit werden die Grundlagen für die soziale und emotionale Bindung („attachment") gelegt.

Die Zeit vom 12.–18. Lebensmonat ist eine Phase des Übens und Ausprobierens der Gefühlsäußerungen. Gelingen löst Begeisterung aus, Mißlingen Ängstlichkeit und Ärger.

Mit 18 Monaten entdeckt ein Kind das „Nein" und zeigt damit an, daß es ab jetzt etwas Sicheres über das eigene Selbst weiß (Entstehung des „Selbstkonzepts"). Das äußert sich darin, daß es sich schämen, trotzig und bockig sein, ja sogar absichtlich wehtun kann.

Am Ende des dritten Lebensjahres kann ein Kind seine Phantasie im Spiel ausdrücken und Stolz, Liebe sowie Schuldgefühle entwickeln.

Wenn wir uns diese Forschungsergebnisse über die ganz frühe Gefühlsentwicklung vor Augen führen, dann fällt zum einen auf, wie differenziert die menschlichen Gefühle von Anfang an bereits sind. Aber ein Zweites muß uns erstaunen: Von Anfang an sind die Gefühle Signale an die nächste Umwelt!

Diese Selbstverständlichkeit ist uns Erwachsenen längst verlorengegangen – besser: wir haben gelernt, sie nicht mehr zu beachten. Aber damit täuschen wir uns gewaltig! Vor etwa vierzig Jahren haben amerikanische Gehirnchirurgen erstmals direkt am lebenden Menschen untersucht, wie und wo im Gehirn durch elektrische Stimulation Gefühle ausgelöst werden können. Unter der Operation, die ihn von einem tödlichen Hirntumor befreien sollte, konnte der Patient sagen, was er sah, fühlte, schmeckte, wenn Zentren tief im Innern seines Gehirns (Thalamus und Hypothalamus) mit winzigen Stromstößen erregt wurden. Das, was dieser Patient damals erzählt hat, hat riesige philosophische Gebäude über das Wesen der Gefühle zum Einsturz gebracht und zugleich die Basis dafür gelegt, daß wir heute die Ergebnisse der Hirnforschung und der Entwicklungspsychologie aufeinander beziehen können. Wenn der Patient erzählte, daß er ein bestimmtes Gefühl hatte, dann berichtete er gleich ganze Szenen dazu mit Personen und Orten, über die er wieder zu neuen Geschichten kam. Seitdem wissen wir: Unser Gehirn speichert alle Gefühle nicht wie Wasserpegel oder Temperaturzustände, sondern etwa so wie die impressionistischen Maler des 19. Jahrhunderts die Farben verwendet haben: Sie malten Hell und Dunkel, Rotes, Grünes, Weißes und es entstanden Personen, Gegenstände und Landschaften. Jedes Gefühl ruft also seine eigene Realität hervor.

Jedes Gefühl hat außerdem seine höchst individuelle Geschichte. Und diese Geschichte beginnt schon einige Monate vor der Geburt. Französische Forscher haben schon vor etwa zwanzig Jahren nachweisen können, daß ein Fötus bereits ab der 32. Schwangerschaftswoche stark gefühlsbetonte Vorlieben und Abneigungen für Musik und Sprache durch Mimik und Verhalten zeigen kann – und sich noch Monate nach der Geburt, vielleicht auch noch später, daran erinnert!

Schon in der 8. **Schwangerschaftswoche** reagiert der Embryo auf eine störende Berührung mit einer abwehrenden und dann haltsuchenden Schreckreaktion, die eine Vorform der Moro-Reaktion darstellt, die die Kinderärzte aus der Untersuchung der Neugeborenen gut kennen: Auf eine plötzliche Erschütterung hin, einen Krach oder plötzliches Zurückfallenlassen des Köpfchens, breitet das Kind die Arme aus, spreizt seine Finger und streckt die Beine. Dann führt es die Arme wieder langsam über der Brust zusammen, als wollte es jemanden umklammern.

Dabei zeigt es einen starken Gefühlsausdruck, in dem man Angst, Schrecken und Überraschung ausmachen kann. Diese angeborene Reaktion verschwindet nach dem 4. Lebensmonat. Gefühl und Kommunikation sind also von Anfang an in einem vorprogrammierten Schema miteinander verbunden.

Was trägt dieses Wissen nun zum Verständnis der kindlichen Depression bei?

Dazu müssen wir wissen, daß Depression ein Mischgefühl aus verschiedenen Grundemotionen darstellt. Dazu gehören außer der Trauer auch Wut, Ärger, Feindseligkeit, Ekel, Furcht, Schuldgefühl und Scham. Während Trauer in allen Kulturen – und übrigens auch bei höher entwickelten Säugern – in ihrem Signalcharakter noch klar verstanden werden kann und als Hinweis auf Trennung und Verlust von wichtigen Bindungen interpretiert wird, ist die Botschaft des depressiven Affektes höchst widersprüchlich. Die Gefühle Scham, Schuld und Trauer laden eher zur Annäherung ein, die Gefühle Wut, Ärger und Feindseligkeit indessen lassen eher auf Abstand bleiben oder erzeugen ihrerseits wieder Wut, Ärger und Feindseligkeit beim Gegenüber.

Wenn alle Teilgefühle der Depression schon bei der Geburt vorhanden sind, kann es deswegen auch schon im Säuglingsalter den so komplexen Gefühlszustand geben, den wir Depression nennen?

Die Antwort ist: Ja – und zwar dann, wenn sich das depressive Zentralgefühl der Trauer nicht in angemessener Zeit zurückbildet und wenn es sich mit nachfolgenden Gefühlserfahrungen vermischt!

Vor über 50 Jahren hat der Kinderarzt und Psychoanalytiker Rene' Spitz beobachten können, welche für Seele und Körper gefährlichen Symptome Säuglinge in einem Kinderheim ausbildeten, nachdem sie von ihren Müttern verlassen worden waren und ihnen kein Ersatz geboten wurde. Sie wurden weinerlich, wollten nicht mehr essen, verloren an Gewicht, entwickelten Schlafstörungen, schienen apathisch und blieben in ihrer körperlich-seelischen Entwicklung zurück. Er nannte dieses schwere Störungsbild „anaklitische Depression", was so viel bedeutet wie „Anlehnungs-Depression". Viele dieser Säuglinge konnten sich wieder erholen, wenn sie der schmerzhaften Trennung nicht länger als fünf Monate ausgesetzt waren. Dauerte die Trennung aber länger an, so verschlimmerte sich ihr Zustand rapide. Viele starben an Auszehrung und an banalen Infektionskrankheiten, nachdem ihre körpereigene Abwehr gegen Krankheitserreger zusammengebrochen war.

Heute wissen wir, daß es zur Entwicklung einer **Säuglingsdepression** gar nicht einmal einer längeren physischen Abwesenheit der Betreuungsperson bedarf, sondern daß eine lang andauernde schwere Vernachlässigung eines Säuglings dafür ausreicht. Solche Umstände sind gar nicht so selten, wo Säuglinge auf die Umsorgung von drogenabhängigen oder aber von schwer depressiven Müttern angewiesen sind, die sich aus jeglicher sozialen Unterstützung und Kontrolle zurückgezogen haben und noch nicht einmal für sich selber den Alltag mit den notwendigen Essens- und Schlafenszeiten regeln können. Dabei ist es gar nicht einmal erforderlich, daß die Mutter ihren Säugling bewußt ablehnt, es kann sogar sein, daß sie sich in ihrer Not an ihn wie an einen Partner klammert. Alleine ein lang anhaltendes Alltags-Chaos kann die sich entwickelnden biologischen Rhythmen eines Säuglings derart durcheinanderbringen, daß sie „desynchronisiert" werden, d. h. nicht mehr aufeinander abgestimmt verlaufen, und so das Bild einer Säuglingsdepression entstehen lassen. Solch ein Säugling entwickelt dann Hunger, wenn er gerade schlafen möchte und schreit abwehrend, wenn die Mutter ihn in den Arm nehmen möchte. Da sein überreizter Darm keine ruhige Verdauung des Essens zuläßt, fehlen ihm wichtige Nähr- und Aufbaustoffe. Und er hat Viren, Pilzen und Bakterien, die nun einmal zu einer normalen Säuglingswelt dazugehören, keinen körpereigenen Widerstand mehr entgegenzusetzen, denn dazu bräuchte er genügend Antikörper und für deren Produktion vor allem ausreichend Tiefschlaf. Die Folge sind häufige Durchfälle und Entzündungen, die dann zu immer wiederkehrenden kurzen Klinikeinweisungen führen – leider immer noch häufig, ohne daß die Diagnose einer Säuglingsdepression gestellt wird.

In unserer Kinderschlafambulanz haben wir vor vielen Jahren **Claus,** *einen fünfjährigen Jungen, kennengelernt, der bis zu sei-*

nem dritten Lebensjahr sechsunddreißig(!) Klinikeinweisungen hinter sich hatte, immer wegen Durchfällen oder Infekten, ohne daß die schwere Depression der alleine ihn versorgenden Mutter dem Klinikpersonal je aufgefallen wäre. *Die Mutter war Rechtsanwältin und kam stets gut gekleidet zu Besuch, holte ihn aber jedesmal nach wenigen Tagen, manchmal nach Stunden, wieder aus der Klinik nach Hause.* Erst als er im Alter von fünf Jahren durch einen schweren „psychosozialen Minderwuchs" und chronische Schlafstörungen mit Zeichen chronischer Übermüdung im Kindergarten auffiel, wurde der Zusammenhang mit einer jahrelangen schweren Vernachlässigung erkannt. Claus hat übrigens die anschließenden vierzehn Jahre in einem gut geführten Heim verlebt, hat von dort aus sein Abitur gemacht und sich körperlich gut entwickelt. Geblieben ist eine Dysthymie, eine leise sich dahinziehende Depressivität, mit starken sozialen Hemmungen und Versagensängsten vor jeder Prüfung. Bis heute beteuert er, daß er ein gutes Verhältnis zu seiner Mutter habe, die ihm in ihrer Arbeitssucht eher leid tue. Er möchte Sozialpädagogik studieren, um Erzieher in einem Kinderheim zu werden.

Alles was uns die Depressivität im Kleinkindesalter verständlich machen kann, rankt sich um den Begriff der „Bindung". Zwischen dem **6. und dem 36. Lebensmonat** bestimmt die Regelung von Nähe und Distanz zur Mutter das gesamte Lebensgefühl eines Kindes. Ein gutes Gefühl entspricht in dieser Zeit einem straff gespannten Gummiband zwischen zwei Personen. Sind sie sich zu nahe, so wird das Band schlaff, alle Spannung ist raus, ein Wohlbefinden nicht mehr möglich. Wird das Gummiband zu stark gespannt, so spüren beide Seiten schmerzlich den Zug, alles steht ständig unter Spannung, und wiederum ist kein Wohlbefinden möglich. Die Grundlagen der Depression, die sich – biographisch und im Rückblick oft bis ins Erwachsenenalter – in genau diesen dreißig Monaten ausmachen lassen, liegen daher entweder in zu abrupten Trennungserlebnissen oder in ängstlichem Festhalten besorgter Mütter.

In der psychoanalytischen Behandlung depressiver Erwachsener kann man diese beiden Typen frühkindlicher mißlungener

Trennungserfahrung in zwei Gestalten innerer Szenen („kognitiv-affektiven Mustern") wiederfinden: Die eine Szene enthält die Gefühle von Leere, Sinnlosigkeit, Antriebslosigkeit, Resignation. Diese Szene entspricht mangelnder Trennungserfahrung und unbefriedigender Nähe. Die andere Szene ist durch ganz andere Gefühlsbilder geprägt: Einsamkeit, Nicht-Ankommen-Können, Angst vor Ablehnung, Angst, nicht beachtet zu werden. Viele depressive Erwachsene zeigen Mischbilder dieser beiden Szenen, was verständlich wird, wenn man Traumatisierungen kleiner Kinder in diesem Alter direkt beobachtet. Zu große Nähe und abrupte Entlassung in eine „frühe Autonomie" sind häufig bei Kindern kombiniert, deren frühe Bemutterung nicht ausreichend gut verlaufen ist.

Hinweise auf depressive Verarbeitung von Trennungserfahrung im **Kleinkindesalter** sind immer dann sichtbar, wenn ein Kind stark regrediert, das heißt in Säuglingsverhalten zurückfällt, wenn es mit dem Ein- und Durchschlafen im eigenen Bettchen Probleme hat oder wenn es sich einigelt, Essen verweigert und es ablehnt, sich trösten zu lassen. Die Erfahrung mit schlafgestörten Kindern zeigt, daß man ihnen am besten hilft, mit ihren Trennungsängsten in der Nacht fertig zu werden, wenn man ihnen tagsüber hilft, „ihre innere Gummischnur gespannt zu halten".

Eng gebundene Kinder brauchen Übung in Trennungserfahrungen, müssen ihre Mutter auch mal mit anderen teilen lernen und eine „Ersatzmutter auf Zeit" erleben.

Zu häufig allein gelassene (vernachlässigte) Kinder brauchen viel Schmusen, Hautkontakt und die Möglichkeit, sich bei Abwesenheit der Mutter vergewissern zu können, daß es sie noch gibt und daß sie ihr Kind nicht vergessen hat.

Kindergartenkinder erleben die Welt ähnlich wie ein Traumland. Ihre Phantasie vermischt sich mit den Grenzen der Realität; Träume und Erlebnisse im Wachzustand haben gleich viel reale Bedeutung. Dies ist die Hoch-Zeit des magischen Denkens, die Zeit, in der Kinder ihre Umwelt mit ihren Geschichten und Größenphantasien mitreißen können. Es ist aber auch die Zeit, in der sie es all denen schwer machen, die sie auf Grenzen, Widersprüche, halt auf die „Realität", aufmerksam machen. Das Thema dieser Zeit ist: „Ich bin das, was ich mir zu sein vorstelle!" Die Depressionsrisiken dieses Entwicklungsabschnitts liegen daher im Hereinbrechen der Realität in das Traumland – ein Szenario, das in den (häufigen!) Alpträumen dieser Zeit auftaucht. Kindergartenkinder provozieren Erwachsene durch ihre „Unvernunft", durch ihren „Trotz" und ihre Wutanfälle, die Ausdruck von Ohnmacht und Scham sind.

Sigmund Freud nannte diese Zeit – unter Bezug auf den als Kind vom Vater verstoßenen griechischen Königssohn Oedipus, der unwissend seinen Vater erschlug und seine Mutter heiratete – die „oedipale Phase". Er sah in ihr den Ursprung aller Neurosen, also aller psychischen Probleme des Erwachsenen, die ihm daraus entstehen, daß er die Realität nicht gelten lassen will.

In der Psychotherapie mit Kindern dieses Alters lassen sich viele Bestätigungen dafür finden, daß tatsächlich die Akzeptanz der Realität für sie ein großes Problem ist. Aber es läßt sich noch etwas anderes beobachten: Ihre Angst vor Liebesentzug und Strafe sowie ihre Schuldgefühle zeigen deutlich, wie sehr sie auch in diesem Alter noch auf die Wertschätzung durch ihre Eltern angewiesen sind, ihr Selbstwertgefühl also noch weit davon entfernt ist, „autonom" zu sein.

Wenn man nach typischen Auslösern der Depression bei Kindern zwischen dem 3. und 6. Lebensjahr sucht, dann findet man häufig eine zu strenge Erziehung, die mit der Verschreibung von Schuldgefühlen einhergeht, im Extremfall mit Mißhandlung und chronischer Zurückweisung, ferner Verlust eines Elternteils (Kinder sind am wahrscheinlichsten im Kindergartenalter davon betroffen, einen Elternteil durch Trennung oder Scheidung zu verlieren) und schließlich das Verdrängtwerden aus der Position des einzigen oder jüngsten Kindes durch ein nachfolgendes Geschwister. Jungen sind in dieser Zeit übrigens eher von einer Depression betroffen als Mädchen, möglicherweise ein Zeichen dafür, daß dem männlichen Geschlecht der Verzicht auf Größenphantasien schwerer gelingt als dem weiblichen – nicht nur im Kindesalter …

Depressive Kindergartenkinder können nicht spielen, einige, vor allem die Jungen, sind ständig aufgedreht und zerstören viel,

Geschlechtsunterschiede der Kinderdepression (nach Nissen, 1988)	
Mädchen	**Jungen**
Passiv-gehemmte Symptomatik	Aktiv-agierende Symptomatik
• Angst • Kontaktschwäche • Überangepaßtheit • „Stilles Kind" • Mutismus (Sprachverweigerung) • Wein-/Schreikrämpfe • Enuresis (Einnässen) • Naschsucht	• Kontaktschwäche • Angst • Selbstisolierung • Gehemmtheit • Aggressivität • Enuresis • Unmotiviertes Weinen • Schlafstörungen

einige koten auch wieder ein. Mädchen haben eher Schlafstörungen, Eßprobleme oder Weinkrämpfe. Allen gemeinsam ist, daß sie schnell die Lust an etwas verlieren, häufig über Körperbeschwerden klagen („Nabelkoliken") und es mißgelaunt, wie sie sind, ihrer Umgebung sehr schwer machen, noch die Sonne am blauen Himmel zu sehen.

Liegt Vernachlässigung einer Kinderdepression zugrunde, dann fallen die Kinder durch eine typische Konstellation von depressiven Symptomen auf: Sie weinen viel, schreien, essen schlecht und haben Ein- und Durchschlafstörungen; einige bleiben sogar im Wachstum zurück (**„psychosozialer Minderwuchs"**).

Für eine eher „neurotische", also konfliktbedingte, Grundlage der Depression sprechen Alpträume, Wutanfälle, häufige Unfälle und Schwierigkeiten, sich in eine Kindergruppe einzufügen.

Die Depression vernachlässigter depressiver Kinder verläuft

„regressiv", also im Bild eines Rückzugs in die Zeit des Säuglingsalters. Sie brauchen emotionale Nahrung, das heißt Wärme, Zuwendung und Schutz.

Die Depression neurotisch belasteter Kinder verläuft „progressiv", also im Bild eines immer wieder scheiternden Versuchs, die Phantasie zur Realität werden zu lassen. Sie brauchen humorvolles Grenzensetzen, realistische Herausforderungen und psychoanalytische Kinder-Spiel-Psychotherapie.

Der Eintritt ins **Schulalter** verändert die Quellen, aus denen sich das Selbstwertgefühl eines Kindes speist. „Ich bin das, was ich lerne und was ich kann!" Das ist das Thema des **6.–12. Lebensjahres**.

Schulkinder haben das Bedürfnis etwas zu leisten. Dabei kommt es in erster Linie auf den inneren Saldo an, nicht so sehr auf die von außen kommende Bewertung (Zensuren oder Belohnungen). Die typischen Ängste dieses Alters sind die Angst vor Versagen und die Angst, Außenseiter zu sein.

Die für dieses Alter so typische **„Schulphobie"** ist eigentlich ein Depressionssyndrom und verweist darauf, daß es immer noch das Trennungsthema ist, das ein solches Kind beschäftigt. Regelmäßig findet sich bei solchen Kindern die Konstellation, daß ein Kind eine depressive, ängstliche oder körperlich kranke Mutter nicht glaubt verlassen zu dürfen. Die Angst vor der Schule, die in dem Ausdruck „Schulphobie" gemeint ist, führt weg vom Verständnis des eigentlichen Problems. Das „rauhe Meer" der Schule ist nur der Ort, den das „Schiff" des Kindes nicht ansteuern mag, weil es im „Hafen" nicht „klar gemacht" worden ist.

Für Kindertherapeuten ist die Erfahrung geläufig, daß man eine Schulphobie nicht erfolgreich behandeln kann, ohne einer Mutter (es kann aber auch ein anderes Mitglied der Familie sein!) geholfen zu haben, ihr Kind loslassen zu können und ohne dem Kind Gelegenheit zur sozialen Nachreifung gegeben zu haben – was oft nur im Rahmen einer stationären kinderpsychiatrischen Behandlung möglich ist.

Depressive Schulkinder können nicht lernen, auch wenn sie oft stundenlang über ihren Hausaufgaben sitzen. Aber sie sind – etwa ab dem achten Lebensjahr – in der Lage, ihre depressiven

Gefühle differenziert zu beschreiben. Daher eigenen sich auch erst ab diesem Alter psychologische Untersuchungsmethoden, mit denen man Kinder direkt nach ihren Gedanken und Emotionen fragt. Depressive Schulkinder nässen wieder ein, leiden unter Pavor-Nocturnus-Anfällen (Streßausbrüchen im Tiefschlaf mit lautem Schreien, zumeist im ersten Drittel der Nacht, die nichts mit Alpträumen zu tun haben!), Wein- und Schreikrämpfen oder Kopfschmerzen. Viele sind regelrecht kontaktsüchtig, kaufen sich ihre Freunde mit Geschenken und versuchen, durch Unterrichtsstörungen im Mittelpunkt zu stehen – aus Angst, nicht beachtet zu werden. Jungen verlegen sich aufs Stehlen, Lügen oder Weglaufen, Mädchen werden stumm und schüchtern. Etwa ab dem 8. Lebensjahr tauchen erstmals Suizidgedanken und -impulse auf. Tagträumen, Grübeln und Zwangsstörungen zeigen, daß das depressive Schulkind sich in eine andere Welt zu retten versucht. Ja, es tauchen sogar Halluzinationen auf, meist in der Form, daß eine innere Stimme spricht, droht oder auslacht. Wenn solche „psychotischen Symptome" mit dem Auf und Ab der Stimmung ihr Unwesen treiben, dann gelten sie als depressive („synthyme") Zeichen und haben nichts mit einer kindlichen Schizophrenie zu tun.

Depressive Schulkinder brauchen eine Kinderpsychotherapie, deren Elemente mal eher psychoanalytisch, mal verhaltenstherapeutisch oder körpertherapeutisch ausgerichtet sind. Erst über dieser Therapie können Eltern – die intensiv in die Behandlung und Beratung einbezogen werden – verstehen lernen, was in ihrem Kind vorgeht und was sie zu seiner Genesung beitragen können.

Eine kindliche Depression in diesem Alter zieht sich über mehr als ein halbes Jahr hin, eine Dysthymie (depressive Entwicklung) über länger als drei Jahre. Es ist also realistisch, sich auf längere Behandlungszeiträume einzustellen und auch nach Beendigung der Behandlung den Kontakt zum Therapeuten nicht abzubrechen, denn die Rückfallgefahr ist groß. Die in älteren Büchern noch betonte Behauptung, wonach sich emotionale Störungen bei Kindern im Laufe der Entwicklung verlieren, soziale Probleme aber hartnäckig bis ins Erwachsenenalter fort-

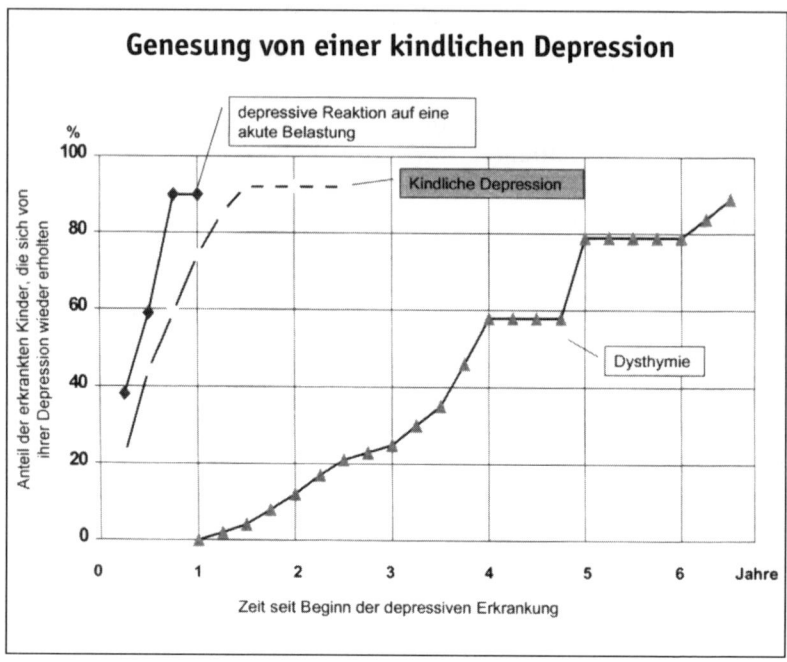

Genesung von einer kindlichen Depression

depressive Reaktion auf eine akute Belastung

Kindliche Depression

Dysthymie

Anteil der erkrankten Kinder, die sich von ihrer Depression wieder erholten (%)

Zeit seit Beginn der depressiven Erkrankung (Jahre)

bestehen, diese Behauptung kann nach heutigem Wissen nicht mehr aufrechterhalten werden. Zwar überwinden viele Kinder ihre Ängste und Anpassungsprobleme, aber depressive Episoden tendieren dazu wiederzukommen. Dies gilt besonders dann, wenn die depressive Störung in der Kindheit mit einer oder mehreren anderen kinderpsychiatrischen Störungen kombiniert aufgetreten ist, besonders aber, wenn zusätzlich eine depressive Entwicklung („double depression") bestand.

Die Chance aber ist groß, daß es bei einer einmaligen depressiven Episode bleibt, wenn das Kind und seine Familie gelernt haben, auf welche frühen Anzeichen emotionaler Überforderung zu achten ist und sofort psychotherapeutische Hilfe in Anspruch nehmen.

Ein Kind, das eine Depression durchgemacht hat, gilt als „vulnerabel", d.h. erhöht verletzbar für emotionale Überforderungen, es ist jedoch kein chronisch krankes Kind.

Viele solcher vulnerablen Kinder nutzen ihre Konstitution als Basis für die Entwicklung einer Persönlichkeit, die sich durch eine Reihe von Eigenschaften auszeichnet, die sie für andere sehr liebenswert machen und ihnen selbst ein erfülltes Leben ermöglichen: Dazu gehören ein hohes Einfühlungsvermögen, strategische Begabung zur Schlichtung sozialer Spannungen (weil ihnen Disharmonie geradezu körperlich wehtut!) und die Fähigkeit, musische, sportliche und intellektuelle Einzelinteressen mit Beharrlichkeit zu verfolgen. Dabei zeigen sie häufig eine Vertiefung von Interessen und Vorlieben (z. B. für Tiere oder kleine Kinder), die man bei gleichaltrigen Kindern, die die Erfahrung der Depression nie gemacht haben, vermißt, ja, die sie vielleicht niemals entwickeln können.

Für Kinder gilt ebenso wie für Erwachsene, daß man sich bei ihrer Erkrankung immer zwei Fragen stellen muß: Welchen Schaden verursacht eine Depression? Und welchen Sinn macht eine Depression?

5. Kapitel
Depressionen im Jugendalter

Jugendliche bereiten vor allem den Erwachsenen, aber auch sich selber ständig Aufregung und Angst, sie schwanken in ihren Stimmungen wie nie zuvor in ihrer Entwicklung, und sie wechseln von jetzt auf gleich ihre Einstellungen und Wertorientierungen. Zugleich aber scheinen sie über geradezu artistische Fähigkeiten zu verfügen, das schwankende Boot ihrer Gefühle auch bei großem Wellengang nicht kentern zu lassen. So ist vieles, was die Erwachsenen von außen als „gestört" einschätzen, nichts anderes als jugendliche Kunstfertigkeit, sich auf rasche Veränderungen des Körpers und des Denkens einzustellen. Sozial zu sehr angepaßtes Verhalten eines Jugendlichen rechtfertigt eher die Vermutung, daß er die Stürme, die von innen kommen, zu leugnen sucht – was ihm aber nur zum Schaden seiner weiteren Entwicklung „gelingt".

Die Adoleszenz, also die Zeit vom Verlassen der Kindheit bis zum Eintritt ins Erwachsenenalter, beginnt mit den biologischen Zeichen der Pubertät, d. h. mit Hormonveränderungen, die schließlich die erste Monatsblutung (12. Lebensjahr) bzw. die erste Ejakulation (14. Lebensjahr) herbeiführen. In den letzten hundert Jahren hat sich dieser Zeitpunkt um etwa vier Jahre zurückverlegt, das heißt, die Kindheit hat sich um vier Jahre verkürzt!

Das Ende der Adoleszenz dagegen ist sehr viel schwerer zu bestimmen. Denn auch wenn Längenwachstum und hormonelle Umstellung abgeschlossen sind, bietet unsere heutige Kultur doch nicht die Gewähr dafür, daß ein Jugendlicher zum Zeitpunkt der Volljährigkeit (18. Lebensjahr) tatsächlich die soziale Rolle eines jungen Erwachsenen übernehmen kann. Gelingen und Scheitern in der Adoleszenz sind eng verbunden damit, ob ein Jugendlicher ein stimmiges Selbstkonzept (Identität) hat entwickeln können und spürt, was zu ihm paßt und was nicht.

Dazu braucht er viel Freiheit zu erproben, welche Quellen sein Selbstwertgefühl speisen und welche bald versiegen werden. Ent-

Täuschungen sind also notwenig, gelegentliche depressive Verstimmungen eher der Normalfall. Jeder zweite Jugendliche beschäftigt sich mit Suizidgedanken. Und dennoch entwickeln nur höchstens 20 Prozent aller Jugendlichen psychische Störungen, die echten Krankheitswert besitzen, und „nur" 17 Prozent eine depressive Erkrankung.

Zu dieser Einschätzung kommt man, wenn man berücksichtigt, daß es gerade die jugendtypischen Verhaltensweisen sind, die manchen depressiven Symptomen so ähnlich sind: Jugendliche sind „emotional instabil", sie „schwanken zwischen Angriff und Rückzug" und sie neigen zum „Idealisieren". Diese drei Eigenarten sind sehr verwandt den depressiven Symptomen „Irritabilität", „Kontaktvermeidung/Kontaktsucht" und „Agitiertheit".

Es gibt eine Eigenart, die für sie eine Stärke und zugleich ein Handicap darstellt: ihre Impulsivität! Alles muß sofort, laut und dramatisch passieren. Das führt dazu, daß Jugendliche schneller Suizidimpulsen nachgeben, selbst wenn überhaupt keine längere Depression vorangegangen ist. Psychisch oder sozial auffällige und zugleich depressive Jugendliche sind erheblich stärker suizidgefährdet als vergleichbare Erwachsene. Daher ist es für die Vorbeugung gegen Suizidhandlungen (Suizide sind in diesem Alter die zweithäufigste Todesursache nach dem Unfalltod) von großer Bedeutung, sowohl die Eigenart der Depression in diesem Alter zu kennen wie auch die Umstände, die zur Selbstmordgefährdung beitragen.

Unter den depressiven Symptomen im Jugendalter ist die erhöhte Gereiztheit (Irritabilität) das bei weitem häufigste. Da depressive Jugendliche nicht selten Alkohol- oder andere Drogenprobleme haben, sich aggressiv gegen ihre Umwelt verhalten und sich abkapseln, erzeugen sie überwiegend Ablehnung. Sie machen auf Erwachsene nicht den Eindruck, traurig und innerlich leer zu sein. In ihrer Gleichaltrigengruppe fallen sie kaum auf, geben sie sich doch scheinbar ebenso „cool" wie die gesunden Gleichaltrigen. Sie ziehen sich plötzlich aus ihren Freundschafts- oder Liebesbeziehungen zurück, was in einem Lebensabschnitt, in dem mit festen Beziehungen noch eher experimentiert wird, kaum auffällt. Daß sie in den Schulleistungen absacken, gilt ihnen als Kavaliersdelikt, und selbst wenn sie depressive Wahnvorstellungen produzieren, sind ihre Freunde nicht überrascht, kennen sie doch selber Realitätsverkennungen nur zu gut als Folgen von Drogenkonsum.

Viele Jugendliche sind infolge ihres chronischen Schlafmangels tagsüber oft müde und verbringen am Wochenende viele Tagesstunden im Bett. So fällt weder der Umwelt noch dem betroffenen Jugendlichen auf, daß er unter einem alterstypischen Depressionssymptom leidet, nämlich einem erhöhten Schlafbedürfnis. Daher bedarf es schon einer starken Ausprägung vieler Symptome, bis ein Jugendlicher von der Mitwelt als depressiv erkrankt angesehen wird. Meist ist es erst ein Suizidversuch, der die Familie oder die Freunde sehen läßt, wie stark sich das gesamte Verhalten des Kranken bereits seit Wochen oder Monaten verändert hat.

Aber es gibt auch die „stille" Form der Depression im Jugendalter, die häufiger bei Mädchen anzutreffen ist. Depressive Mädchen werden schweigsamer, schlafen mehr, verlieren ihren Appetit oder aber versorgen sich, wo sie nur können, mit Süßigkeiten (Zucker hat kurzfristig eine antidepressive Wirkung). Sie grübeln stundenlang über ihre Beziehungsprobleme nach, verlieren jeglichen Stolz auf ihren Körper (Dysmorphophobie) und werden von Schamgefühlen gequält. Sie geben ihre liebsten Beschäftigungen in der Freizeit auf. Viele Nachtstunden sitzen sie über ihren Hausaufgaben und werden doch immer schlechter in ihren Schulleistungen. Es fällt ihnen schwer, konzentriert am Unterricht teilzunehmen, ihr Gedächtnis scheint nachzulassen, und sie zweifeln an ihrer Intelligenz. Sie können ihren Alltag nicht mehr strukturieren und geraten bei Terminen in Panik, weil sie sich erst in letzter Minute zu etwas aufraffen können. Das Chaos in ihrem Zimmer spiegelt ihre innere Unordnung wider; die Wäsche vom Schreibtisch in den Schrank zu räumen, kommt ihnen wie eine unlösbare Aufgabe vor. Oft weinen sie still in sich hinein, ohne daß die erleichternden Tränen fließen. Bei einigen bleibt gar die Periode aus (Amenorhoe als Streßsymptom), und wenn sie stark an Gewicht verlieren, denken selbst Fachleute erst einmal an eine Magersucht.

Bei entsprechender Disposition können quälende Zwangsgedanken oder Zwangshandlungen auftreten, über die sie mit niemandem sprechen können, weil sie sich ihrer schämen oder weil sie Angst haben, „verrückt" zu werden.

Die Ängste depressiver Jugendlicher treten vorrangig als soziale Phobien auf und führen dazu, daß alle öffentlichen Auftritte – und das können auch schon Besuche bei Freunden oder Einkäufe im Kaufhaus sein – vermieden werden.

Stehen Schuldgefühle im Vordergrund, so stürzen sich depressiv-gehemmte Jugendliche auf die Sorgen ihrer Mitmenschen. Gespräche, die unter Freunden zustande kommen, haben ein unendlich schweres Gewicht, überall entdecken sie nur noch Probleme und Bedrohungen. Kopfschmerzen, Sehstörungen und diffuse Körperschmerzen begleiten sie den ganzen Tag, nachts werden sie von Alpträumen gequält oder liegen viele Stunden (zumeist in der zweiten Nachthälfte) wach. Grübelnd und von einer inneren Unruhe getrieben, arbeitet ihr Gehirn auf Hochtouren, bis sie völlig erschöpft in den frühen Morgenstunden in einen unruhigen Leichtschlaf fallen. Immer mehr verlagern sie ihre Aktivität in die späten Abendstunden, in denen sie sich besser fühlen als am Vormittag, und gelangen so zu einer Verschiebung des Tag-Nacht-Rhythmus, die ihre Krankheit noch verstärkt. Ganz zufällig entdecken sie, daß ihnen körperliche Anstrengung und Sonnenlicht gut tun, aber sie sind nicht in der Lage, dies als „Eigentherapie" ihrer Depression durchzuhalten.

Ein depressiver Jugendlicher –

A-Symptome
- fühlt sich niedergeschlagen und hoffnungslos,
- hat alle Interessen verloren an dem, was er bislang mit Freude verfolgt hat,
- ist ständig müde, abgeschlagen oder agitiert (ruhelos)

B-Symptome
- sinkt in seinen schulischen Leistungen ab und meidet schließlich die Schule überhaupt,
- wird antisozial, nimmt Drogen oder kapselt sich ab,

- ist hoch kränkbar, verzeiht sich keine Fehler und Niederlagen und bricht oft weinend zusammen,
- entwickelt Eßstörungen (Magersucht, Bulimie, Adipositas),
- „kränkelt", klagt über Kopfschmerzen oder Übelkeit,
- schläft schlecht (Ein- und Durchschlafstörungen, frühmorgendliches Erwachen, Alpträume),
- kann sich nicht konzentrieren, verliert sich in Tagträume,
- quält sich mit Selbstmordgedanken, macht Suizidversuche.

Suizidgedanken begleiten depressive Jugendliche während der gesamten Erkrankungsperiode. Depressive Mädchen begehen doppelt so häufig wie Jungen Suizidversuche, oft mehrere nacheinander. Aber bei den Jungen treten etwa doppelt so häufig vollendete Selbstmorde auf. Die Gruppe der 15- bis 19jährigen ist bei beiden Geschlechtern die mit der höchsten Selbsmordgefährdung in der Adoleszenz.

Es gibt ein typisches **Muster der Entwicklung zum Suizid**: Bereits aus der Kindheit tragen suizidgefährdete Jugendliche Narben einer Depression oder einer depressiven Entwicklung (Dysthymie) mit sich, meist infolge einer nicht bewältigten Traumatisierung oder einer instabilen Bindung an ihre wichtigste Bezugsperson. Sie sind daher eher gehemmt, kontaktgestört und drehen sich stark um sich selbst. Kommt es dann zu einer Krise durch eine seelische Erkrankung oder durch äußere Ereignisse (Disharmonie in der Familie, Angst vor Strafe, Aufbrechen einer Liebesbeziehung, Schulprobleme), so engt sich ihr Horizont ein, als wollten sie sich in ihr Schneckenhaus zurückziehen. Darin finden sie aber keine Ruhe, vielmehr richten sie jetzt ihre Aggressionen gegen sich selbst, beschäftigen sich ständig mit Selbstmordphantasien und fühlen sich schließlich ihrer Selbsttötungsabsicht passiv ausgeliefert („Ich muß mich umbringen!"). Am stärksten sind die Jugendlichen gefährdet, die bereits einmal einen Suizidversuch verübt haben und psychotische Jugendliche.

Hinweise auf eine **akute Gefahr der Suizidalität** liegen vor, wenn ein Jugendlicher

- sich auch in einem ausführlichen Gespräch nicht von seinen Suizidabsichten distanzieren kann,
- er seine Suizidgedanken bedrängend empfindet,
- er hoffnungslos wirkt,
- er keine Zukunftsperspektiven mehr entwickeln kann,
- er sich sozial stark isoliert hat,
- er Konflikte nicht mehr lösen kann,
- er gereizt und abweisend auf ein Gesprächsangebot reagiert,
- er schwere depressive Verstimmungen aufweist oder sogar Wahnideen entwickelt,
- er süchtig ist,
- er sich in einer psychotischen Krise befindet,
- er bereits früher Suizidversuche unternommen hat,
- er einen Suizid so geplant hat, daß Hilfe ausgeschlossen erscheint,
- er schon einen Suizidversuch mit einer „harten" Methode (Erhängen, Erschießen) hinter sich hat,
- er von seiner Persönlichkeit her zu impulsiven Handlungen neigt.

Akute Suizidalität ist ein unabweisbarer Grund für eine sofortige Einweisung in eine jugendpsychiatrische Klinik. Dabei bedeutet die damit verbundene vorübergehende Einschränkung seiner Freiheit nicht alleine einen Schutz gegen die Durchführung des Suizids, sondern führt auch zu einer subjektiven Entlastung, ein Erleben, das Suizidale, aber auch die Angehörigen, sich vorher gar nicht haben vorstellen können.

Wenngleich auch Depression und Suizidalität im Jugendalter

nicht notwendig gemeinsam auftreten müssen, so gewinnt doch jeder depressive Jugendliche befreiende Klarheit dadurch, daß man ihn in einem eindringlichen Gespräch darauf hinweist, in welchem Maße die depressive Erkrankung ein hohes Risiko birgt, in einer Selbstmordhandlung zu enden.

Es gibt außer der erhöhten Suizidgefahr noch einige Eigenarten der Depressionserkrankung, die spezifisch sind für die Adoleszenz. Dazu gehören Drogenkonsum, Delinquenz, Promiskuität und das „Werthersyndrom".

Jugendliche beginnen sich, nachdem sie die ersten Pubertätswirren bewältigt haben, von ihren Eltern abzuwenden und eher Gleichaltrigen ihr Vertrauen zu schenken. In den allermeisten Fällen gelingt Jugendlichen der Spagat zwischen Kinder- und Erwachsenenrolle recht gut dadurch, daß sie einfach zu Hause die einen und unter Gleichaltrigen die anderen sind. Die Trennung dieser Welten stabilisiert beide Seiten und erspart viele Auseinandersetzungen im Alltag.

Es gibt zwei Orte, an denen dieses Arrangement vom Einsturz bedroht wird. Zum einen die Schule, zum andern der Platz, an dem sich Jugendliche untereinander treffen. Ob Dorfplatz, Jugendtreff, Disco, Bar, stillgelegtes Fabrikgebäude, Wohnung der verreisten Eltern oder die Bude von einem, der bereits zu Hause rausgeflogen ist: All das sind Orte und Anlässe für besorgte Elternphantasien, die sich über Generationen hin im Kern gleich geblieben sind. Immer geht es in bezug auf Mädchen um die Angst vor ungewollter Schwangerschaft, in bezug auf Jungen um Kriminalität, und bei beiden geht's um Alkohol, Nikotin und andere Drogen.

Bei der Aufzählung dieser typischen Elternphantasien fällt auf, daß die eigentlichen Gefahren für Adoleszente gar nicht vorkommen: Das Risiko, durch einen Suizidversuch, durch riskantes Autofahren oder durch Gewalt unter Jugendlichen selber (ein wichtiges Thema bisher vor allem unter amerikanischen Jugendlichen) ums Leben zu kommen!

Die Schule gefährdet dann den Spagat, wenn entweder die Lehrer oder die Eltern sich nicht an die hilfreiche Regel halten, für ein paar Jahre voneinander Abstand zu halten, vor allem aber zu vermeiden, sich als Erwachsenenkoalition gegen die Jugendlichen zu stellen. Schulverdruß und Leistungsabfall gehören zu den normalen Begleiterscheinungen der mittleren Adoleszenz und verschwinden nach zwei bis vier Jahren auch wieder, wenn sie ohne Dramatisierung von den Erwachsenen toleriert werden.

Kritischer aber ist das, was Jugendliche in ihrer Freizeit und ohne Wissen der Eltern ausprobieren. „Mit wem triffst du dich? Warum hältst du dich nicht an unsere Vereinbarung und kommst abends rechtzeitig zurück?" Das sind die häufigsten Fragen von Eltern an ihre jugendlichen Kinder in dieser Zeit. Was Eltern dabei unterschätzen, das ist der enorme Druck, unter dem Jugendliche stehen, um unter ihresgleichen akzeptiert zu werden. Ausprobieren von Alkohol, Nikotin, Cannabis („Haschisch") geschieht nach den Regeln der Gruppe, und es gibt kaum Jugendliche, die hier nicht experimentieren. Mißbrauch läßt sich durch elterliche Verbote kaum verhindern, durch Aufklärung (in der Schule oder in den Medien) schon eher. Wenn Eltern um die Gruppenabhängigkeit ihres Kindes wissen und sie nicht bekämpfen, bieten sie damit die beste Voraussetzung dafür, daß es als Jugendlicher couragiert genug ist, ohne Gesichtsverlust auf Abstand zum Drogenkonsum in seiner Gruppe zu gehen.

Nicht anders als Erwachsene auch konsumieren Jugendliche Drogen, um Gefühle innerer Anspannung, Angst, Leere und Niedergeschlagenheit nicht spüren zu müssen. Darüber hinaus lösen Drogen wie Koffein, Nikotin, Amphetamine („Speed") und Kokain („Crack") euphorische Gefühle aus, nach denen sich ein Depressiver nur sehnen kann. Besonders wenn ein solcher Stoff rasch, stark und nur für einige Minuten seine Wirkung entfaltet und ihm anschließend ein großes depressives Tief nachfolgt – wie das typischerweise bei Kokain der Fall ist –, besitzt er für einen depressiven Jugendlichen mit Antriebsstörungen („Null Bock auf gar nix ...!") ein ungeheures Suchtpotential.

Alle **Drogen** besitzen die größte Suchtgefahr, wenn sie unter Streß, d.h. bei einem hohen Cortisolspiegel, eingenommen werden.

Die Beruhigungsmittel Alkohol, Barbiturate (Schlaftabletten) und Tranquilizer (Librium, Valium) werden gesucht, um innere Unruhezustände zu kurieren. Sie sind besonders unter den depressiv verstimmten Jugendlichen verbreitet, die von Konflikten („Immer nur Streß in der Familie …!), Ängsten und Hemmungen Abstand zu gewinnen suchen.

Halluzinogene Substanzen indes (LSD, PCB = „Engelsstaub", Meskalin, Psilocybin = „Pilze") machen Visionen und Bewußtseinsausweitungen, die eine gesamte alternative Welt vortäuschen. Sie, die eigentlichen „harten Drogen", stellen darum eine Steigerungsstufe dar, die unabhängig vom Fortbestehen einer Depression ihre Eigengesetzmäßigkeit („Horrortrip", „Flashback", Herbeiführung einer Psychose, Kriminalisierung, Suchtentwicklung) entfaltet und die nur noch durch kontrollierten Drogenentzug wieder verlassen werden kann.

Bei Kindern und jüngeren Adoleszenten werden Stoffe mißbraucht, die billig und überall zu haben sind. Dazu gehören die „Schnüffelstoffe" Kleber, Benzin, Korrekturflüssigkeit, Treibmittel in der Sprühsahne, Raumspray, Fleckentferner und viele andere mehr. Leider wissen die Konsumenten nicht, daß sie besonders gefährdet sind und Schäden des Gehirns, des Nervensystems, der Leber, der Niere oder des Knochenmarks manchmal schon nach einmaliger Anwendung auftreten!

Am beliebtesten unter allen Jugendlichen sind die „Einstiegsdrogen" Haschisch und Marihuana („Gras"). Der indische Hanf (Cannabis), den Jugendliche leicht in ihrem Zimmer züchten können, liefert über seine Blätter Marihuana und über den Harz seiner weiblichen Blüten Haschisch. Sie „eignen" sich nicht bei jedem zur Depressionsbekämpfung, einige fühlen sich darunter entspannt, andere aber auch weinerlich und traurig. Enthalten sie jedoch große Mengen an Tetrahydrocannabinol (THC), was für bestimmte Hybridformen dieser Pflanze zutrifft, so entfalten sie eine Rauschwirkung, die nach Verstärkung durch Halluzinogene verlangt.

Wird Haschisch lange und regelmäßig eingenommen oder inhalliert, so zeigen solche Jugendlichen eine fast friedlich wirkende Null-Bock-Haltung, die selbst auf Fachleute wie eine Depression mit Antriebsstörung wirken kann. Es handelt sich zwar um eine schwere psychische Veränderung, aber sie ist von einer echten Depression durchaus verschieden. Man nennt sie ein

„amotivationales Syndrom", also einen Dauerzustand der Interessenlosigkeit. Das Kurzzeitgedächtnis nimmt ab, die Lernfähigkeit schwindet, der Testosteronspiegel sinkt, der Menstruationszyklus gerät durcheinander und die körperliche Abwehr (Immunsystem) wird geschwächt, bei dem inhallierten Marihuana potenziert sich sogar die Gefahr für Lungenkrebs. Die Bedeutung dieses Zustandes für die Depression liegt vor allem darin, daß sich solche Jugendlichen schließlich mit einer Versagenssituation konfrontiert sehen, die sie überhaupt nicht mehr glauben bewältigen zu können. Ohne psychologische und pädagogische Hilfe sind sie tatsächlich nicht mehr in der Lage, ihren Alltag zu bewältigen, geschweigedenn hinreichende Schulleistungen zu erbringen. Hier bedarf es vor allem einer sofortigen Entlastung von Anforderungen – was vielen Lehrern oder Eltern verständlicherweise erst einmal nicht einleuchten mag.

Berichte in der Presse über Doping bei Sportlern haben zwar das Bewußtsein erhöht, daß es sich bei den Anabolika um gesundheitsschädigende Stoffe handelt. Über ihre gefährliche Auswirkung auf die seelische Verfassung weiß die Öffentlichkeit aber leider immer noch sehr wenig – im Unterschied zu den Betroffenen selber, die jedoch ebenfalls darüber zu schweigen neigen. Es handelt sich chemisch um Steroide, wie sie der Körper als Streßhormone selber produziert. Sie führen zu Stimmungsschwankungen, aggressivem Verhalten und können direkt Depressionen auslösen. Gefährlich sind sie aber auch im Moment des Absetzens, denn dann bewirken sie möglicherweise sofort schwere Depressionen mit einer hohen Selbstmordgefahr. Viele Sportler merken das, sobald sie vorübergehend die Mittel absetzen, um beim Wettkampf keine positive Urinprobe zu haben. Daher greifen sie nach dem Wettkampf auch schnell wieder auf ihr Dopingmittel zurück, selbst wenn sie zuvor entschlossen waren, ihre körperliche Leistungsfähigkeit nicht mehr künstlich zu steigern. Sie tun es einfach deswegen, weil sie die depressiven Gefühle vermeiden wollen. Es ist daher berechtigt, von Anabolika als Drogensuchtmitteln zu sprechen.

Die Wirkung von Narkotika oder Opiaten (Opium, Methadon, Morphium, Kodein) gehört zwar zum ältesten medizinischen Wissen der Menschheit. Auch ihr hohes Suchtpotential ist weithin bekannt. Aber immer wieder sind Eltern überrascht, wenn man sie darüber aufklärt, daß ihr Kind deswegen seinen chronischen Husten „pflegt", weil es so immer wieder seinen Hustensaft bekommen kann. Kodein aber, das fast alle dämpfenden Hustenmittel enthalten, ist, über lange Zeit und in hoher Dosierung eingenommen, nichts anderes als eine Sucht erzeugende Droge, die sogar zum Tod durch Atemstillstand führen kann.

Der Zusammenhang zwischen Drogenmißbrauch und Depression im Jugendalter ist sehr groß, Depressionen führen zu Drogenkonsum und Drogenkonsum (und Drogenentzug) induziert Depressionen. Es sollte daher jeder Jugendliche, bei dem eine der beiden Störungen vermutet werden muß, immer auf beide Hintergründe hin untersucht werden, ehe eine Behandlung eingeleitet wird.

Delinquenz und Promiskuität sind für depressive Jugendliche in hohem Maße geschlechtsspezifische Themen. Jungen sind eher delinquent, d.h. sie kommen eher mit dem Gesetz in Berührung, Mädchen eher promisk, d.h. sie sind auf wechselnde sexuelle Partnerbeziehungen aus, wenn sie in diesem Alter unter einer Depression leiden.

Jan (16) war solch ein „delinquenter" Jugendlicher. Ich begegnete ihm das erste Mal in der Untersuchungshaft, nachdem der Richter sich überfordert gesehen hatte zu beurteilen, wie gefährlich Jan wirklich sei. Er hatte in dem Kaufhaus, in dem sein Vater als Abteilungsleiter arbeitete, Feuer gelegt und war dabei vom Nachtwächter überrascht worden. Es war zu einem Kampf zwischen beiden gekommen. Und obwohl Jan geradezu ein Hänfling war gegen den körperlich bestens trainierten Nachtwächter, hatte er ihn letztlich besiegt. In einem günstigen Moment hatte er aus der Hosentasche sein Klappmesser gezogen und damit zugestochen. Dann hatte er den blutenden, bewußtlosen Mann auf die Straße gezogen und war davongelaufen. Schon wenige Stunden später hatte die Polizei Jan geschnappt. Er hatte in einer Kneippe gesessen und sich vollaufen lassen; dem Wirt war seine blutverschmierte Hose aufgefallen. Der Nachtwächter hatte zum Glück überlebt – auf einer Intensivstation.

Diese seine Vorgeschichte hatte ich in seiner Gerichtsakte gelesen, und ich konnte mit Recht erwarten, daß Jan nun, wenn ihn ein Jugendpsychiater untersuchen würde, alles daran setzen würde, sich von mir eine „Minderung der Schuldfähigkeit" nach § 21 StGB attestieren zu lassen. Aber eigentümlicherweise waren Jan ganz andere Themen viel wichtiger. Thema Nummer eins waren die Justizbeamten im „Jugendbau", die alle seine Freunde seien. (Tatsächlich hatte einer von ihnen Jan zu mir ins Untersuchungszimmer gebracht mit den Worten: „Mach's gut, mein Junge!"). Thema Nummer zwei war seine Mutter, die immer nur an ihm rumnörgele.

Es stellte sich heraus, daß Jan das einzige Kind einer sehr religiösen Familie aus einer nahegelegenen Kleinstadt war, die Mutter Verkäuferin im Einzelhandel, der Vater Abteilungsleiter eines großen Kaufhauses. Die Familie war recht wohlhabend, Jan hatte bis vor einigen Wochen das Gymnasium besucht, war allerdings im vorangegangenen Jahr sitzengeblieben. Seitdem war er nach Meinung der Eltern „auf die schiefe Bahn" geraten. Er hatte die Schule geschwänzt, war nächtelang von zu Hause weggeblieben, hatte den Eltern eine größere Summe Geldes gestohlen und hatte mit Freunden das Häuschen im Schrebergarten der Familie kurz und klein geschlagen und dann abgebrannt.

Jan „gestand" mir alle diese seine Taten, als hätte ich ihn auf frischer Tat ertappt. Er wirkte schuldbewußt und zerknirscht und konnte sich aus dem schwarzen Loch seiner immer leiser werdenden Stimme nur dadurch herausreißen, daß er immer wieder einige Haßtiraden auf seine Mutter losließ. Vom Vater mochte er spontan gar nicht reden. Schließlich erfuhr ich, daß der Vater, ein Mann in den späten Vierzigern, infolge eines Autounfalls in seiner Jugend gehbehindert war und es mit unendlichem Fleiß über viele Abendkurse zu seinem jetzigen Posten gebracht hatte. Die Mutter sei erst Anfang dreißig. Sie habe sich den Vater damals „gekrallt", weil der aus einer wohlhabenden Familie stamme. Seine Mutter lebe nur in ihrer Kirchengemeinde, und in der Familie zähle nur, was der Pfarrer sage. Die

Mutter kriege ja gar nicht mit, wie's dem Vater gehe! Der verbringe mehr als zwölf Stunden täglich in seinem Büro, rauche ohne Unterlaß und sei ein reines Nervenbündel. Zwei Jahre zuvor habe er einen Herzinfarkt gehabt – für die Mutter ein Beweis dafür, daß er sich offensichtlich mit anderen Frauen herumtreibe, um sich seine Männlichkeit zu beweisen.

Jan, ein heller Kopf und ein eher feinfühliger und körperlich kleiner Junge, war in einer Familie groß geworden, in der es vor allem die Begriffe Arbeit, Frömmigkeit und Vernünftigsein gab. Jan war immer ein Einzelgänger gewesen und hatte sich in seine Bücher vergraben.

Mit Eintritt in die Pubertät hatte er plötzlich die anderen Jungen entdeckt, zog sich eine schwarze Lederhose und eine schwarze Bomberjacke an, begann zu rauchen und zu trinken und trat in einen Karateclub ein. Dort war er auf Freunde getroffen, die mit Haschisch und Designerdrogen handelten und die ihn zum Dealer „ausgebildet" hatten. Die Eltern hatten ihm fortan nichts mehr zu sagen, die Lehrer bald auch nicht mehr. Einen größeren Jungen aus seiner Gruppe hatte die Polizei einige Wochen zuvor beim Autoknacken erwischt. Er saß seitdem in Untersuchungshaft.

Die jugendpsychiatrische Untersuchung förderte ein Bild zu Tage, das Jan über Jahre vor seiner Umwelt hatte verbergen können. Jan war in einer engen Bindung an seine streng religiöse, stets überarbeitete Mutter groß geworden. Dem Vater war er immer „zu wild" gewesen, auch war der Vater all die Jahre überwiegend mit seiner Berufsfortbildung beschäftigt gewesen. Das Schönste, an das er sich aus seiner Kindheit erinnern konnte, waren die langen Abende gewesen, an denen er mit dem Vater am Lagerfeuer im Schrebergarten der Familie gesessen hatte. Dann war er in die Pubertät gekommen und hatte einen Rückschlag nach dem anderen bei seinen Versuchen erlebt, die Mädchen auf sich aufmerksam zu machen. Von da an sei er „wie im Nebel" gewesen. Er könne sich kaum noch an die letzten Jahre erinnern. Hasch habe er eigentlich nur genommen, weil alle das in dem Karateclub getan hätten. Mit Stolz erzählte er, daß sie ausgerechnet ihn zum „Dealer" auserkoren hätten („Bei dir vermutet das ja doch keiner …!"). *Das mit dem Messer und mit dem Feuerlegen im Kaufhaus, in dem der Vater arbeitete, könne er sich gar nicht erklären. Es sei halt so eine „Schnappsidee" gewesen.*

Die jugendpsychiatrische Diagnose, die sich auf mehrere Gespräche mit Jan, seinen Eltern, seinem Lehrer, dem Pfarrer, dem Nachtwächter, dem inhaftierten Freund aus seinem Karateclub und auf körperliche wie auch testpsychologische Untersuchungen stützte, lautete: „Depression im Jugendalter mit antisozialem Verhalten auf dem Hintergrund einer depressiven Entwicklung". Die Tat, die ihm zur Last gelegt wurde, war eine typische symbolische Handlung gewesen, wie sie häufig – wenn auch nicht immer als kriminelle Handlung – bei männlichen Jugendlichen vorkommt, die lebenslang unter „Vaterhunger" gelitten haben. Gesteuert von unbewußten Motiven, hatte er seinen Vater aus seiner Höhle ausräuchern wollen, um ihn endlich für sich zu bekommen. Im Handgemenge mit dem Nachtwächter, der ihn gleich als Sohn des Abteilungsleiters erkannt hatte und der dabei von Jans Vater als einem „Krüppel" gesprochen hatte, waren ihm plötzlich Kräfte gewachsen, mit denen er auf den völlig überraschten Mann einstach, als gelte es, die Ehre seines Vaters zu retten.

Als ich Jan meine Begutachtung vorlas, da weinte er leise in sich hinein und bat mich, nichts zu tun, damit er mit einem „psychiatrischen Persilschein" seine Strafe nicht absitzen müsse. Damit hatte Jan intuitiv richtiger erfaßt, was er für sein weiteres Leben bräuchte, als der Richter, der das Gutachten dazu glaubte verwenden zu müssen, Jan als „nicht schuldfähig wegen einer psychischen Störung" einzustufen.

Diese Geschichte liegt bereits viele Jahre zurück, und ihr weiterer Verlauf hat gezeigt, wie sinnvoll es war, daß Jan dann doch für zwei Jahre seine Strafe absitzen mußte. In der Haft noch hatte er aus eigenen Stücken mit einer Psychotherapie begonnen, die Eltern hatten sich getrennt, und Jan war nach seiner Entlassung auf ein gut geführtes Internat gekommen – auf Wunsch des Vaters und auch vom Vater finanziert. Zur Zeit besucht er die Oberstufe. Seine Freizeit verbringt er, wenn er nicht gerade liest, mit seinen Freunden bei der Freiwilligen Feuerwehr!

Das „**Werther-Syndrom**" bezieht seinen Namen von dem Roman J.W. von Goethes „Die Leiden des jungen Werther", in der die Todessehnsucht eines Jugendlichen eindrucksvoll beschrieben wird. Seinerzeit hatte die Lektüre dieses Romans eine Welle von Selbstmorden unter Jugendlichen ausgelöst. Auch heute noch kann man beobachten, welche Faszination der Selbstmord eines Freundes, eines Kino- oder eines Fernsehhelden auf Jugendliche ausübt. Es ist die verlockende Vorstellung, mit dem Suizid auf einen Schlag von allen Problemen befreit zu sein, die sich wie ein Virus unter Jugendlichen verbreiten kann, wenn sie von der übrigen Gesellschaft ausgeschlossen sind und das Weiterleben als eine Unterwerfung unter die Welt der Erwachsenen auffassen.

6. Kapitel
Die Depression der Mütter

Etwa jede vierte Frau erkrankt mindestens einmal in ihrem Leben an einer Derpression. Frauen sind doppelt so häufig wie Männer von dieser Krankheit betroffen.

Besonders betroffen sind junge Mädchen und Frauen mit Kindern im Alter zwischen 15 und 30 Jahren. Diese Zahlen machen deutlich, daß das Thema „Kinderdepression" ein wichtiges Nebenthema hat: die Depression der Mütter!

Für Schulkinder gehört noch ein weiteres Nebenthema dazu: die Depressionsgefährdung der LehrerInnen, also der Bezugspersonen der Kinder, die für sie über zehn oder mehr Jahre ihre Neugier auf die Welt-Da-Draußen begleiten sollen. Es ist alarmierend, wie sehr in den letzten Jahren die Zahl der „ausgebrannten" („burn-out-syndrome") Lehrer zugenommen hat – dies nicht zuletzt wegen Überalterung!

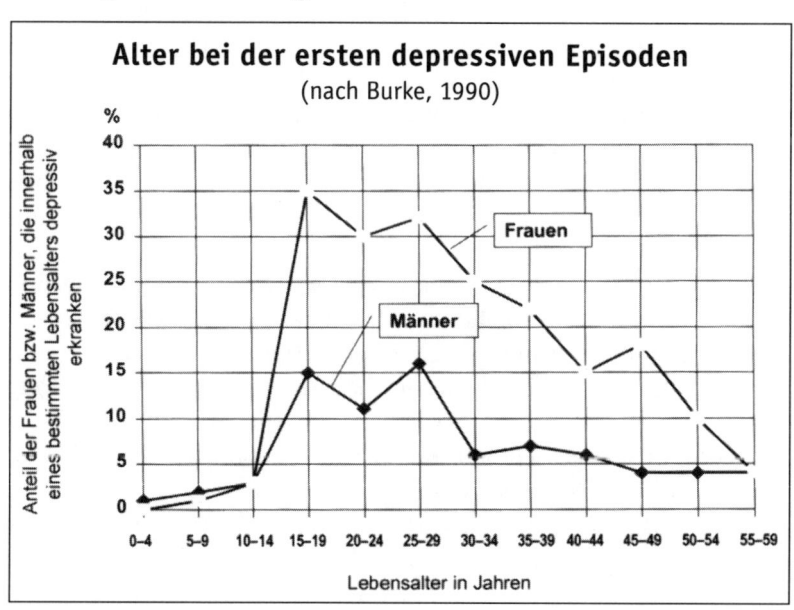

Alter bei der ersten depressiven Episoden
(nach Burke, 1990)

Um zu verstehen, was zu der dramatischen Klimaveränderung in der Erziehungswelt der Kinder beigetragen haben mag, warum also außer den Kindern und Jugendlichen selber überwiegend Mütter und LehrerInnen davon betroffen sind, ist es hilfreich, sich eine Perspektive der Depression vor Augen zu führen, die der Züricher Psychiater Daniel Hell so formuliert hat:

„Das depressive Geschehen stellt ein biosoziales Muster dar, das den meisten Menschen in Not zur Verfügung steht.“

Das lenkt die Aufmerksamkeit weg von der nur individuellen Betrachtungsweise hin auf die Tatsache, daß sich die Erziehungswelt der Kinder ganz offensichtlich in einer „Not-Situation" befindet. Und wie wir sehen werden, hat sich diese Notsituation in unserer Republik in den letzten Jahren bei steigendem Wohlstand verschlimmert!

Die meisten Eltern, insbesondere die Mütter, wissen nicht um ihre besondere Gefährdung. Die Gesellschaft erwartet von ihnen, daß sie sich glücklich fühlen, dürfen sie sich doch abseits vom Berufsstreß „nur" um ihre Kinder kümmern. Wenn sie also unglücklich sind, dann kann das nur daran liegen, daß sie sich außerdem noch im Beruf „selbstverwirklichen" wollen. Doch die wissenschaftlichen Untersuchungen zur Berufstätigkeit verweisen diese Annahmen in den Bereich der falschen Vorurteile, denn es sind vor allem die nicht-berufstätigen und die alleinerziehenden Mütter mit kleinen Kindern, die von einer Depression bedroht sind.

Dafür gibt es sehr verschiedene Ursachen, psychische, die sich körperlich, und körperliche, die sich psychisch auswirken.

Während der gesamten **Schwangerschaft** und besonders um den Zeitpunkt der Niederkunft herum wird eine schwangere Mutter durch ihre Hormone gestützt, mit allen anstehenden Belastungen gut fertigzuwerden. Depressive Störungen sind daher in dieser Zeit auffallend selten.

Etwa von der vierten bis zur zweiten Woche vor Ende der Schwangerschaft treten vermehrt **Alpträume** auf, über die zu sprechen einer Schwangeren schwer fällt, zumal dann, wenn sich in ihnen die Angst ausdrückt, ein mißgestaltetes Kind zur Welt zu bringen. Zum selben Zeitpunkt treten übrigens auch bei ihrem Kind, das sie bald erwartet, erstmals Träume (REM-Phasen) auf.

Das freudig-schmerzhafte Erleben der **Geburt** ihres Kindes mobilisiert dann offenbar große psychische Energien bei der Mutter, denn es passiert extrem selten, daß Gebärende in eine psychische Krisensituation kommen, die sie nicht mehr bewältigen können oder die sie als traumatisch in Erinnerung halten werden.

Doch bereits wenige Tage später (meist am dritten Tag, aber auch möglicherweise noch bis zu 6 Wochen nach der Geburt) tritt bei fast jeder zweiten Mutter eine über Stunden oder auch Tage anhaltende **depressive Verstimmung** („baby blues") mit großer Weinerlichkeit auf. Sie ist dann hoch kränkbar, kann sich schlecht konzentrieren und verliert alle Energie. Wie das „prämenstruelle Syndrom" wird diese depressive Verstimmung durch einen plötzlichen Abfall der Hormone (Östrogene und Progesteron) ausgelöst und verschwindet anschließend rasch wieder.

Bedeutend ernster ist eine „**neurotische Depression**" einzuschätzen, eine Situation, in die etwa jede sechste Frau im ersten Jahr nach der Niederkunft geraten kann, vor allem wenn sie noch sehr jung ist und gerade ihr erstes Kind geboren hat: Nach einer zumeist unkomplizierten Anfangsphase fühlt sie sich mehr und mehr von irritierenden Gefühlen bedrängt, von Verstimmungen, Wut, Scham und Müdigkeit. Das kann bis zum Ausbruch einer Magersucht gehen. Plötzlich dominieren die ambivalenten Einstellungen ihrem Kind gegenüber, und sie fühlt sich ihrer neuen Rolle nicht mehr gewachsen. Zwar wird diese Situation verschärft dadurch, daß sie in ihrer Umgebung zu wenig Unterstützung erfährt, jedoch ausgelöst wird sie durch eine Wiederbelebung weiter zurückliegender Erinnerungen, die sich um eine konflikthafte Entwicklung ihres Selbstverständnisses als Mädchen und Frau ranken.

Wie ist das zu verstehen? Die Niederkunft selber löst bei vielen Frauen eine **psychische Regression** aus, d.h. ein Zurückgehen in kindliche oder adoleszentäre (aus der Jugend stammende) Gefühle und Denkweisen. Am deutlichsten erleben sie dies darin, daß für sie die (der) GeburtshelferIn und die Hebamme zu ungemein wichtigen Personen werden, von denen sie fast in kindlicher Weise Schutz, Umsorgung und Anerkennung erwarten. Nun verbinden aber nicht alle Frauen diese aus dem Gedächtnis wieder auftauchenden Bilder mit guten Gefühlen. Es sind vor allem die ungelösten Abhängigkeitsgefühle gegenüber der eigenen Mutter und die Selbstwertgefühle als Frau, die bei ihnen mit schmerzhaften Konflikten verbunden sind. Gerade junge Mütter, die sich selbst noch in der Adoleszenz befinden, betrachten ihr Kind häufig als Teil ihrer selbst und nicht als eigenständiges Wesen. Sie sehen sich in ihrem Kind wie in einem Spiegel, der ihnen alles vor Augen führt, auch das, was sie an sich nicht mögen.

Aber auch eine andere Konstellation kann zum Auslöser solch einer „neurotischen Depression" werden. So werden einige Frauen, die sich – zumeist seit der Adoleszenz – über ihre intellektuelle, sportliche oder berufliche Leistung definiert haben, als junge Mütter mit einer Frauenrolle konfrontiert, die sie bis dahin stets zu vermeiden gesucht haben. Plötzlich finden sie sich mit Schmerzen, mit Einschränkungen ihrer Unabhängigkeit und mit ihrem Körper konfrontiert und erleben dies als Bedrohung oder als Demütigung. Alle ihre Ideale scheinen nicht mit dieser Rolle als Mutter vereinbar zu sein; ihre Mütterlichkeit können sie mit keinen positiven Werten verbinden, meist weil sie in ihrer eigenen Mutter hierfür kein Vorbild haben erkennen können. Für sie selber und ihren Säugling spitzt sich die Situation in dem Moment zu, da sie sich in jedem Schreien und in jeder Nahrungsverweigerung ihres Säuglings vor Augen geführt sehen, wie wenig „perfekt" sie als Mütter sind. So kann der Säugling in die Position einer kritisierenden Mutter oder eines Vaters geraten, die ihnen nur über ihre Leistung und nicht als liebenswürdige Mädchen Anerkennung gegeben haben.

Jede Mutter setzt sich in den ersten Monaten der Säuglingszeit nicht nur mit ihrem realen Kind, sondern auch mit ihrem in der Phantasie erwarteten Kind auseinander. Die Phantasien aber wurzeln tief in der Vergangenheit und erweisen sich oft als stärker als die rationale Wahrnehmung der Gegenwart.

Wie verbreitet diese Verzerrung der Wahrnehmung („Projektion", „Gespenst im Kinderzimmer") sein muß, kann man daran erkennen, daß in so zahlreichen Märchen bei der Geburt eines Kindes Feen auftauchen, gute wie böse, die dem Kind gute Wünsche mit auf den Weg geben oder aber es mit einem bösen Zauber belegen.

In einer solchen Situation, in der sie ihren inneren Bildern ausgeliefert ist, wird eine Mutter wenig Erleichterung finden, wenn sie nichts weiteres als lediglich Beistand für ihre aktuellen Probleme bekommt. Was sie dringend braucht, ist ein Gegenüber, mit dem sie eine Wegstrecke zurück in ihre Vergangenheit tun kann. Das aber ist nur mit einer(m) PsychotherapeutIn möglich, die (der) es gelernt hat, die Geister der Vergangenheit beim Namen zu nennen und ihnen damit ihren Einfluß auf die Gegenwart zu nehmen.

Viele Mütter – vor allem alleinerziehende und sozial isoliert lebende – geraten wenigstens kurzfristig in eine **reaktive Depression**. Das heißt, sie fühlen sich überfordert – sehr häufig infolge ungezählter schlafgestörter Nächte, die sie alleine zu bewältigen haben.

Nach unserer eigenen klinischen Erfahrung in der Kinderschlafambulanz taucht diese Form der depressiven Verstimmung und Erschöpfung sehr häufig auf und läßt sich in nahezu allen Fällen auf zwei Gründe zurückführen: Der erste und häufigste Grund ist in der Beziehung von Mutter und Kind selber zu suchen, der zweite Grund liegt in der Umgebung der Mutter.

Zum ersten Grund: Wenige Tage nach der Geburt bereits beginnt für eine Mutter mit ihrem Neugeborenen eine Streßphase, die sie in dieser Form zumeist noch nie erlebt hat und die sie unter anderen Vorzeichen – z. B. im Berufsalltag oder im Familienalltag mit größeren Kindern – sofort als unzumutbar einstufen würde.

Ihre vierundzwanzig Stunden als Säuglingsmutter werden vollständig von den Lebensbedürfnissen ihres Kindes bestimmt. Da ihr Kind vor dem dritten Monat noch gar keinen regelmäßigen Schlaf-Wach-Rhythmus entwickelt und vor dem sechsten Lebensmonat auch noch nicht an regelmäßige Durchschlafnächte zu denken ist (dies sind statistische Durchschnittswerte mit großen interindividuellen Abweichungen), hat sie nur zwei Möglichkeiten, mit ihrem eigenen Schlafbedürfnis umzugehen. Entweder sie versucht, ihren Tag-Nacht-Rhythmus wie gewohnt durchzusetzen oder aber sie teilt über mehrere Monate Schlaf- und Wachzeiten mit ihrem Kind.

Ein Blick über die Grenzen unserer technisch hochentwickelten Gesellschaft hinaus macht deutlich, wie ein Alltagsleben der Zweiergemeinschaft („Dyade") von Mutter und Kind verlaufen kann, das wirklich den Bedürfnissen beider gerecht wird. In fast allen Kulturen, die noch nicht von den Zeitmaßstäben der Leistungsgesellschaft erfaßt sind, genießen Mutter und Kind über viele Monate eine Körpernähe, in der der Schlaf noch nicht zugleich Trennung bedeutet. Das Kind schläft in stetigem, engem Hautkontakt am Körper der Mutter, ob sie selber nun ruht, schläft oder arbeitet. Die Mutter trägt es fast immer bei sich, auf dem Rücken oder auf dem Bauch. Das Kind hält die Mutter wach, wenn es selber wach ist und gibt ihr die Möglichkeit zu ruhen oder zu schlafen, wenn es schläft. Nicht Tag und Nacht, Hell und Dunkel, Arbeitszeit und Freizeit geben den Rhythmus vor, vielmehr handeln beide ihre Bedürfnisse miteinander aus – ohne Regeln, nur gemäß ihrer gegenseitigen Einfühlung.

Gelingt es der Mutter, die Erwartungen der Umwelt während der ersten sechs Monate aufs Nötigste zu beschränken, so wird sie spüren, wie sehr ihr die Natur in dieser Zeit entgegenkommt. Kleinere Schläfchen über den Tag verteilt führen bei ihr nicht zu Schlafstörungen, sondern zu einem Zustand rasch wechselnder Müdigkeit und Erholung, der ihre Aufmerksamkeit nach innen lenkt. Dabei entsteht eine tiefe emotionale Bindung zwischen beiden, die der Mutter einen Schatz von Erfahrungen zur Verfügung stellt, von dem sie jahrelang zehren wird: die Fähigkeit, die Signale ihres Kindes zu erkennen, rein intuitiv, allein über die Körperwahrnehmung!

Viel zu einseitig wird über die Bindung zwischen Mutter und Kind als etwas gesprochen, was vor allem dem Kind zugute kommt. Dieser psychologische „Jargon" spiegelt nur wieder, wie wenig unsere Gesellschaft von „primärer Mütterlichkeit" weiß, indem sie der Mutter von Anfang an die Erwartung aufbürdet, sich stets und überall nach den Bedürfnissen ihres Kindes auszurichten. Forscher, die den Austausch zwischen Mutter und Kind genauer studiert haben, haben entdeckt, welch große Fähigkeit ein Säugling mit auf die Welt bringt, sich seinerseits auf die Bedürfnisse der Mutter einzustellen.

Eine Mutter, die diese „Entdeckung" für sich machen kann, wird dafür reichlich belohnt, denn sie erwirbt in einer solchen Zeit die Begabung, klar zu erkennen, was sie ihrem Kind zumuten kann und daß ihr Kind seinerseits in der Lage ist, auf sie „Rücksicht zu nehmen". Das schützt sie vor Schuldgefühlen, wenn sie in späteren Monaten und Jahren ihr Kind einmal sich selbst überläßt. Unter der Voraussetzung, daß sie beide eine solche Zeit der Gemeinsamkeit erlebt haben, gilt tatsächlich die Weisheit, daß „eine Mutter am besten weiß, was ihr Kind braucht".

Der zweite Grund, weshalb es so häufig zu einer chronischen Überforderung der Säuglingsmütter kommt, liegt in der Umgebung. Ein Kind wird ja nicht nur einer Mutter geboren, sondern auch in eine Welt, in der es sich entwickeln können soll.

Die Vertreter dieser Welt in den ersten sechs Monaten aber sind (zumindest für 75 Prozent aller Säuglinge in unserem Land) der Vater, die älteren Geschwister, die Verwandten und Freunde sowie diejenigen, die eine Wohnung zur Verfügung stellen und die die Regeln festlegen, nach denen eine Familie ihren Unterhalt bekommt. Und in diesem Punkt versagt die Umwelt immer noch. So gibt es zwar eine gesetzlich geregelte Zeit der Arbeitsbefreiung für die Mutter, aber keinen Anspruch darauf, daß eine Mutter ein verbrieftes Recht auf Entlastung im Alltag hat. Sähe die Wirklichkeit besser aus, so könnten **Väter** über mindestens sechs Monate „primäre Väterlichkeit" erleben und die Mutter tags und nachts vertreten, wenn sie mehr Zeit für sich alleine braucht. Sie könnten ihr in wenigstens drei Nächten in der Woche garantieren, daß sie längeren zusammenhängenden Schlaf findet, wenn sie erschöpft ist, und ihr tagsüber Zeiträume von mehreren Stunden einräumen, in denen sie arbeiten, lesen, Sport treiben, ins Kino gehen, mit Freunden zusammen sein und vor allem „nichts tun" kann.

Gelingt Vätern dieser enge Kontakt (Hautkontakt!) zu ihrem Kind, so können sie genauso wie Mütter lernen, seine Signale zu verstehen. Sie ersparen sich damit ein Schicksal, unter dem viele Väter leiden, auch wenn sie darüber nicht sprechen und, falls sie es tun, dann erst viele Jahre später, das Schicksal nämlich, sich ausgeschlossen zu fühlen und ihre „Geliebte" in dem Moment verloren zu haben, als sie „ihr" Kind bekam.

Die Zahlen über die Ehescheidungen belegen, daß Eltern besonders häufig in den ersten vier bis fünf Jahren nach der Geburt des ersten Kindes auseinandergehen. Auch in diesem Punkt gibt der psychologische „Jargon" nur das Ergebnis dessen wieder, was die Gesellschaft zur frühen Entfremdung der Väter von ihren Kindern beiträgt: Einseitig wird die Pflicht der Väter eingefordert, ihre Frau zu unterstützen und nicht „allen Dreck ihr zu überlassen". Dabei wird völlig übersehen, welche bereichernden Erfahrungen Männer machen können, wenn sie auf der Grundlage einer monatelangen „Bevaterung" zu spüren bekommen, wie wohltuend ein Austausch von Signalen ist, der nicht über die Sprache verläuft. Und zudem wird einem solchen Vater das lebenslang schmerzende Erleben erspart bleiben, eigentlich nie „richtigen Kontakt" zu seinem Kind gehabt, seine Frau an sein Kind und sein Kind an seine Frau verloren zu haben.

So entpuppt sich als wahrer Hintergrund für die Gefahr einer reaktiven Depression einer Säuglingsmutter die Tatsache, daß unsere derzeitige gesellschaftliche Regelung zwar viel Zeit und Geld zur Verfügung stellt, damit ein Kind in den ersten Lebensmonaten umsorgt wird. Daß sie aber noch immer höchst rückständig ist, wenn es darum geht, den Aufbau sozialer und emotionaler Bindung eines Kindes zu gewährleisten.

Es gibt eine unverzichtbare Voraussetzung dafür, daß Kinder lernen können, Vorgaben ihrer Eltern – und über die Eltern erfahren sie ja, wie die Welt beschaffen ist! – wirklich zu verinnerlichen: Eltern brauchen Kinder, die sich für ihre Eltern interessieren, weil sie genug Zeit hatten, sie kennenzulernen. So können diese Kinder ihnen etwas geben, was Eltern außerhalb vergeblich suchen – nämlich die bereichernde Nähe zu einem Menschen, von dem sie sich verstanden fühlen!

Es ist eben nur begrenzt möglich, eine kinderfreundliche Gesellschaft zu schaffen, wenn man nicht zugleich eine elternfreundliche Gesellschaft im Auge hat. Wenn es stimmt – und viele wissenschaftliche Untersuchungen von Kinderpsychologen und Familiensoziologen sprechen dafür –, daß es eine zunehmende Verrohung in den sozialen Beziehungen gibt, daß immer mehr Menschen über Einsamkeit klagen und daß der Typus der „narzißtischen", d.h. auf sich selbst gerichteten, Persönlichkeit sich ausbreitet, dann sind Änderungen gewiß nur begrenzt vom erzieherischen „Grenzensetzen" zu erwarten – das kommt viele Jahre zu spät! Wirksame Erziehung zu mehr Rücksichtnahme auf eigene Bedürfnisse und soziale Anforderungen braucht die Basis einer guten emotionalen Beziehung. Denn das „Nein" einer geliebten Person kann verinnerlicht („internalisiert", d.h. zum Eigenen gemacht) werden, das „Nein" einer unbekannten oder ungeliebten Person aber lehrt, daß man sich tunlichst dem anpaßt, der gerade die Macht hat, zu strafen oder auch (z.B. durch Konsumangebote) zu befriedigen und zu verführen.

Seit einigen Jahrzehnten hat sich parallel zur Verbesserung des Mutterschutzes eine Entwicklung eingeschlichen, die die finanzielle Situation der jungen Familien – ob mit Trauschein oder ohne – dramatisch verschlechtert hat. Das Pro-Kopf-Einkommen einer Familie sinkt mit der Geburt eines Kindes so sehr, daß inzwischen jedes sechste Kind von der Sozialhilfe lebt. Bedenkt man, daß die Häufigkeit von psychischen Problemen bei Kindern proportional zu ihrer finanziellen Verschlechterung steigt, dann kann man die Brisanz dieser gesellschaftlichen Fehlentwicklung kaum überschätzen.

Kinder wachsen immer häufiger in einer gesellschaftlichen Randgruppe auf. In einem Haus zum Beispiel mit zehn Haushalten findet sich statistisch nur ein einziger Haushalt, dessen Klingelschild für eine „klassische Familie" mit Kind(ern), Mutter und Vater steht! Kinder und ihre Eltern bilden eine abnehmende Minderheit, der es von Jahr zu Jahr finanziell und sozial schlechter geht. Am meisten davon betroffen aber sind die Frauen und Mütter!

7. Kapitel
Die Bedeutung der Väter

Von Männern und Vätern, die an einer Depression leiden, ist immer erst dann die Rede, wenn sie in ihrem Beruf scheitern oder wenn sie im hohen Alter mit dem Arbeitsplatz ihren einzigen Ort verloren haben, an dem sie das Gefühl vom eigenen Wert aufrechterhalten hatten. Auch wird aus der Tatsache, daß Männer nur halb so anfällig sind für eine Depression (12 Prozent aller Männer erkranken im Laufe ihres Lebens mindestens einmal an einer Depression) wie Frauen (26 Prozent), der Schluß gezogen, sie seien psychisch eben stabiler („starkes Geschlecht"). Doch die Wirklichkeit, insofern sie uns durch wissenschaftliche Untersuchungen vor Augen geführt wird, sieht etwas anders aus.

Ähnlich wie bei den Frauen ist die Wahrscheinlichkeit bei den Männern, erstmals an einer Depression („**Depressive Episode**") zu erkranken, am größten zwischen dem 17. und dem 27. Lebensjahr, also nicht während der Zeit maximaler beruflicher Belastung, sondern zu Beginn des Erwachsenenalters, in der Zeit der berufsbezogenen Ausbildung, der Familiengründung und der größten körperlichen (auch sexuellen) Aktivität.

Und in einem weiteren Punkt erweisen sich unsere Alltagsvorstellungen als Vorurteile. Nimmt man die Summe der depressiven und der mit Depression häufig zusammengehenden Störungen (Angststörungen, Alkohol- und andere Drogenabhängigkeit, Antisoziale Persönlichkeitsstörungen), so sind Männer genau so oft betroffen wie Frauen. Es ist also nur folgerichtig, davon auszugehen, daß Männer Entfremdung, Erschöpfung, Trauer und Verzweiflung nur anders ausdrücken als Frauen. Zugleich entpuppt sich die überlegene „Stärke" der Männer als ihr großes Handicap. Denn der Zusammenbruch in einer Depression bedeutet für einen über lange Zeit überlasteten Menschen immerhin eine Chance, die Koordinaten in seinem Leben grundsätzlich zu verändern und damit ein gesünderes, vor allem ein selbstbestimmteres Leben zu beginnen.

Gerade in den jungen Familien, in denen die Väter sich überdurchschnittlich intensiv an der Umsorgung ihrer Kinder beteiligen, wird deutlich, wie geschlechtsspezifisch Menschen auf Belastung reagieren. So haben wir in unseren Studien zur Auswirkung kindlicher Schlafprobleme auf Eltern gefunden, daß Mütter unter dem andauernden Schlafentzug irgendwann einmal erschöpft zusammenbrechen. Väter aber, die sich vergleichbar intensiv an den Nachtschichten beteiligen, stürzen sich in noch größere berufliche Aktivität und suchen sich ihre Vitalität durch Leistungssport oder sexuelle Abenteuer zu beweisen.

Da Schwach-Sein mit ihrem Ideal als Mann kollidiert, interpretieren sie Anzeichen versagender Kräfte als Aufforderung, sich noch mehr für eine Bestätigung von außen zu engagieren. So werden die Chancen für eine Umorientierung auf Jahre oder gar Jahrzehnte vertan. Bei Männern, die ihr Selbstbewußtsein jeden Tag aus Macht und Einfluß aufbauen müssen, bietet erst der Zusammenbruch des Herzkreislaufsystems (Herzinfarkt) oder des Stoffwechsels (Alkoholabhängigkeit) die Möglichkeit zu tiefergehenden Korrekturen in der Lebensführung. Bis dahin aber sind weitere zwei oder drei Jahrzehnte eines Berufsalltags ins Land gegangen, der selber zu einer wirklichen Stärkung ihres Selbstwertgefühls wenig oder gar nichts beigetragen hat.

Väter, die im nahen Umgang mit ihren Kindern lernen, wieder auf Gefühle zu achten und eigene von fremdbestimmten Lebenszielen zu unterscheiden, gewinnen tatsächlich eine größere „Immunität" gegen streßbedingte körperliche und seelische Erkrankungen, wie der Vergleich von familienorientierten mit kinderfern lebenden Männern zeigt!

Noch steckt die Forschung über die Bedeutung der **Vater-Kind-Beziehung** in den Anfängen. Doch einige Befunde sind immer wieder bestätigt worden:

1. Vater verfügen grundsätzlich über die gleiche **Kompetenz** wie Mütter, wenn es um die frühe Umsorgung ihrer Kinder geht.
2. Väter tragen vor allem dazu bei, bei ihrem Kind Fähigkeiten zur **Bewältigung** von Krisen und neuen Anforderungen in der Entwicklung zu fördern.

3. Väter repräsentieren in hohem Maße die **sozialen Maßstäbe,** an denen sich ihr Kind in der „Sozialisation" ausrichtet – durch ihr Verhalten, nicht durch ihre verbalen Vorgaben.
4. Väter bestimmen durch ihre **Wertschätzung oder Mißachtung der Mutter** ganz wesentlich, inwieweit ein Kind die mütterliche Welt seiner frühen Jahre harmonisch in seine Jugendlichenwelt integrieren kann oder aber verleugnen muß.
5. Damit tragen Väter dazu bei, daß ihr Kind sich **trennen lernt** von der Mutter und eine eigene Persönlichkeit entwickeln kann.
6. Väter spielen für Mädchen und Jungen gleichermaßen eine entscheidende Rolle bei der Ausbildung ihrer **Geschlechtsidentität** („gender identity").
7. Väter erwerben – wie oben bereits erwähnt – durch den nahen Umgang mit ihren Kindern eine **„Immunisierung" gegen streßbedingte Erkrankungen.**

Diese Aufstellung macht deutlich, weshalb auch Väter sich für das Thema Kinderdepression interessieren sollten, nicht nur der Kinder wegen, sondern auch im Sinne einer Depressionsprophylaxe in ihrem eigenen Leben. Die Entwicklung zur doppelten Berufstätigkeit in jungen Familien als Normalsituation enthält die Chance, daß Väter „mütterlicher" werden, aber auch die Gefahr, daß Frauen unter Emanzipation eine Angleichung an männliche Verhaltensweisen verstehen.

8. Kapitel
Das Familienklima

Aus unserer Arbeit mit Eltern kleiner Kinder ist uns vertraut, daß es bei ihnen zwei Weisen gibt, das Bedrohtsein durch eine eigene Depression zu verdrängen. Es gibt Eltern, die sich für „depressiv" halten, wenn sie eigentlich übermüdet sind oder ihnen für nichts mehr Zeit bleibt als für den Haushalt, den Beruf des Mannes und ihr Kind. Bei genauer Betrachtung stellt sich dann heraus, daß diese Einschränkung des Lebens auch schon zuvor bestanden hat, ja, oft Ausdruck einer allgemeinen Lebensängstlichkeit ist. Hier dient die Vorstellung, depressiv zu sein wegen der neuen Lebenssituation, als akzeptierte Begründung, sich nicht mehr mit eigenen Ängsten, Hemmungen und Abhängigkeiten auseinandersetzen zu müssen. Kinder, die in der Atmosphäre solcher Eltern aufwachsen, fühlen sich von kleinauf „irgendwie schuldig" und stellen erst, wenn sie selber das Elternhaus verlassen haben, fest, daß die Eltern kein eigenes Lebensthema haben und auch keines hatten, als sie noch die kleinen „schwierigen Kinder" ihrer Eltern waren. Es ist vor allem diese Form der „Depressivität", die man zu unrecht so nennt (besser sollte man von „Lebensängstlicheit" sprechen!), die von Generation zu Generation weitergegeben wird. Für Kinder und Erwachsene, die einer solchen Familientradition entrinnen wollen, bieten moderne Formen der psychoanalytischen Psychotherapie und der systemischen Familientherapie gute Chancen, innerlich das „Familiendrehbuch" zu revidieren und für sich und die eigenen Nachkommen gesündere Lebensbedingungen zu schaffen.

Doch die zweite Form der innerfamiliären Verdrängung des Themas Depression ist ebenso untauglich, die Flucht in eine unnatürliche Heiterkeit, in eine Familien-Kinder-Idylle, in der alle wieder wie unbeschwerte Kinder leben wollen. Wenn Eltern in ihrer persönlichen Entwicklung wenig reife Umgangsweisen mit der Welt gelernt haben – dieses Phänomen tritt ganz unabhängig vom wirklichen Alter der Eltern auf! –, bedeutet das gemeinsame

Eintauchen in die vermeintliche Kinderwelt eine willkommene Möglichkeit, über die eigene Unzulänglichkeit, erwachsen der Welt zu begegnen, sich hinwegzutäuschen. Solche Eltern engagieren sich mitunter sehr vehement für eine kindergerechte Umwelt. Aber sie kommen aus der Anklageposition nicht heraus und lassen keine realen Verbesserungen gelten. Sie fordern und fordern und machen ihre eigenen Kinder zu Verbündeten gegen die „böse Welt der Erwachsenen", zu der sie selber keinen Zugang gefunden haben. Für die Kinder aber bedeutet eine solche Familienatmosphäre eine große Bürde; denn sie werden damit von Ängsten überschwemmt und lernen nicht, wie man Ängste bewältigen kann. Kinderpsychologen und Kinderpsychiater haben seit einigen Jahren eine erschreckende Zunahme von einer allgemeinen Ängstlichkeit bei Kindern beobachtet, die hier ihre Wurzeln hat. Wir selber deuten die Befunde, daß immer häufiger Angststörungen und Kinderdepressionen in unserer Kultur auftauchen, in erster Linie als Hinweis darauf, daß Kinder von ihren Eltern immer weniger gezeigt und vorgelebt bekommen, wie man sich Bedrohungen stellen und Ängste bewältigen kann. Ein Mensch aber, ein Kind allemal, der sich über lange Zeit hilflos erlebt, wird depressiv!

Zu einseitig haben auch Fachleute (!) lange Zeit Verlust und Deprivation (Entbehrung) als Hauptursachen der Depression zu bestätigen gesucht. Für Kinder, die in unserer heutigen Kultur des materiellen Überflusses aufwachsen, dürfte (außer der erhöhten seelischen Verletzbarkeit aufgrund von Vererbung) noch ein anderer Zusammenhang relevant sein, nämlich der zwischen Depression und „familiär erlernter Hilflosigkeit"!

Wenn wir die beiden anfangs erwähnten Haltungen als „Verdrängung" von Depression bezeichnen, dann deswegen, weil sie häufig von einem Zustand ablenken, der in dem Alter, in dem Eltern ihre Familie gründen, besonders häufig auftaucht und der meist erst einsichtig wird, wenn eine Mutter oder ein Vater sich die Freiheit nehmen, das „Kinder-Haushalt-Familie-Thema" einmal hintan zu stellen – was den meisten sehr schwer fällt. Gemeint ist die **Depression als Erkrankung im frühen Erwachsenenalter.**

Es ist immer wieder erstaunlich, wie lange es dauert, bis ein in Beruf und Familie engagierter Erwachsener seelische und körperliche Zeichen der Erschöpfung als eigenständige Erkrankung erkennen und anerkennen kann. Dabei gibt es eine große Aufmerksamkeit gegenüber diesem Thema in nahezu allen Illustrierten, in Rundfunk und Fernsehen. Das Niveau, auf dem berichtet wird, ist überwiegend fachlich hoch, und die dargestellten „Fälle" laden zur Identifikation ein. Die große Diskrepanz zwischen Wissen und Erkennen hat neben vielen anderen einen Grund, der in der Störung Depression selbst liegt:

Unter einer Depression ist eine bestimmte **Konstellation von Symptomen** *zu verstehen. Alle einzelnen Symptome sind für sich alleine unspezifisch, d. h. sie kommen genauso im Zusammenhang mit anderen Krankheiten und als Ausdruck ganz alltäglicher Alltagsbelastung vor!*

Was ist nun unter dieser Konstellation zu verstehen? Es müssen zwei Hauptsymptome und mindestens zwei Nebensymptome über mindestens zwei Wochen täglich zu beobachten sein:

Hauptsymptome

- Depressive Stimmung
- Verlust von Freude oder Interesse
- Erhöhte Ermüdbarkeit

Nebensymptome

- Verminderte Konzentration und Aufmerksamkeit
- Herabgesetztes Selbstwertgefühl und Selbstvertrauen
- Schuldgefühle und Gefühle von Wertlosigkeit
- Negative und pessimistische Zukunftsperspektiven
- Selbstmordgedanken, Selbstmordversuch(e) oder Selbstverletzung
- Schlafstörungen
- Appetitminderung

Für alle Depressiven trifft zu, daß sie über schlechten Schlaf klagen, Einschlafschwierigkeiten haben und morgens früh unausgeschlafen und grübelnd aufwachen und auch, daß sie traurig verstimmt, ja, sogar weinerlich sind. Fast alle Erkrankten leiden unter Entscheidungsschwierigkeiten und können sich nur noch schlecht konzentrieren, kaum noch „richtig zuhören" und nehmen an, ihr Verstand und ihr Gedächtnis hätten nachgelassen. Manche fürchten gar, dies sei der Beginn einer Alzheimererkrankung. In psychologischen Tests wird aber dann deutlich, daß sie bis auf ihr Reaktionsvermögen nichts an ihrer geistigen Kapazität eingebüßt haben. Weil ihre subjektive Einschätzung alles überlagert, wird auch die Vergangenheit negativ eingeschätzt. Schon immer, so meinen sie, seien sie nicht leistungsfähig gewesen, und alles Erreichte hätten sie nur einem Zufall zu verdanken. Da sie also immer schon unfähig gewesen seien, sei auch in Zukunft nichts mehr von ihnen zu erwarten.

80 Prozent leiden unter diffusen Angstgefühlen und haben Selbstmordgedanken, sind müde und verlangsamt, reizbar und kommen sich gefühllos vor. Sie sprechen mit leiser Stimme, sie meiden den Blickkontakt und vermögen nicht mehr, mimisch ihre Gefühle auszudrücken. Einige sitzen über lange Zeit regungslos einfach da.

Dieselben Menschen können aber auch „unausstehlich" für ihre Mitmenschen werden. Alles regt sie auf oder ärgert sie. Sie klagen ständig und fordern, daß man sich ihnen unablässig zuwende. Gerade dieses klagende Sich-Anklammern überfordert die Mitmenschen und führt dazu, daß Depressive als undankbar, unersättlich, egozentrisch, „klebrig" und „hysterisch" zurückgewiesen werden.

In mehr als 50 Prozent aller Fälle beobachten sie, daß sie sich morgens schlechter fühlen, während die Abendstunden oft die einzigen Lichtblicke des Tages enthalten.

Jeder Dritte entwickelt Wahnideen, das heißt er „wähnt" sich als Opfer einer Umwelt, die sich gegen ihn verschworen hat. Einige entwickeln sogar Halluzinationen, d.h. sie fühlen sich von einer inneren Stimme getrieben, mit ihrem Tod doch endlich die Umwelt von ihnen zu befreien – eine besonders gefährliche Symptomatik, die rasch in einem Selbstmord enden kann.

Da alle Kommunikationsversuche zu anstrengend, auf jeden Fall aber unbefriedigend sind, kommt es immer mehr zum sozialen Rückzug. So ist es nicht weiter verwunderlich, daß 15 Prozent der Depressiven ihr Leiden durch Selbstmord beenden. Jeder zweite Selbstmord geht auf eine zumeist unerkannte Depression zurück!

Fast alle Kranken verlieren ihren Appetit und nehmen ab, weshalb gerade bei jungen Frauen oder Mädchen oft zuerst einmal an den Beginn einer Magersuchtserkrankung gedacht wird, vor allem dann, wenn die Betroffene auch vorher schon Probleme mit ihrer Figur und ihrem Körpergewicht gehabt hat.

Da nicht nur das Gehirn, sondern der gesamte Körper depressiv reagiert, klagen viele Depressive oft lange Zeit (über Jahre!) über vielfältige Körperbeschwerden. Sie leiden unter Verstopfung, Kopfschmerzen, Muskelkrämpfen, Herzbeschwerden, Ohrensausen, Übelkeit, Magenschmerzen, Schwindel oder Kreislaufbeschwerden. Und so haben sie häufig eine lange Irrfahrt durch viele Arztpraxen hinter sich, um so mehr, je kürzer die Zeit war, die sich die Ärzte für ein ausführliches Gespräch genommen haben und je häufiger sie sich haben sagen lassen müssen, daß alles „nur psychisch" sei. Interessanterweise verstehen viele Ärzte – es werden aber immer weniger, zum Glück – unter „nur psychisch" oft, daß der Patient übertreibe, sich anstelle oder sich etwas einbilde.

Dem liegen meistens, wenn man einmal von vielleicht zu geringen Kenntnissen eines Arztes über seelische Erkrankungen absieht, zwei Tatsachen zu Grunde. Zum einen führt die Dauerstreßerkrankung Depression zu einer Fülle von „vegetativen" Symptomen, d. h. zu Auswirkungen der Dauererregung durch das autonome Nervensystem, das ohne Einfluß des Willens und des Bewußtseins die wichtigsten inneren Organe in ihrer Funktion regelt: den Stoffwechsel, die Atmung, die Herzfunktion, den Zustand des Magens, des Darms, der Niere, der Gebärmutter, der Leber, der Geschlechtsorgane, der Schilddrüse usw. Die andere Tatsache ist, daß die gängigen Untersuchungsmethoden noch nicht in der Lage sind, die innere Wahrnehmung eines solchen Krankheitszustandes „objektiv", das heißt als tatsächlich vorhandene „Fehlmeldung" des Gehirns nachzuweisen. Wenn man nun auch noch bedenkt, wie erleichtert viele Depressive oft die Arztpraxis verlassen, weil der Arzt keinen Hinweis auf eine Krebserkrankung oder eine Herzinfarktgefährdung gefunden hat, dann wird verständlich, weshalb so lange Zeit vergeht, bis Patient und Arzt schwer einzuordnende körperliche Symptome als Ausdruck einer Depression erkennen können. Ein Arzt, der sich und seinem Patienten genug Zeit gibt, außer dem körperlichen auch den seelischen Befund bei seinem Patienten zu erheben, kann ihm im Falle einer Depression eine umfangreiche, teure, mitunter schmerzhafte „organische Abklärung" ersparen und ihm schneller eine fachliche Hilfe zukommen lassen, die wirklich diesen Namen verdient.

Ein erwachsener Mensch, der eine Depression durchmacht, wird sich schwer tun, seine Berufsrolle weiterhin so zu spielen, als verfüge er noch über seine volle Energie und Leistungsfähigkeit. Das gilt besonders für alle die Bereiche, in denen er in eine rasche Kommunikation mit seinen Mitmenschen einbezogen ist.

Erstaunlicherweise aber gilt das nicht für die Elternrolle. Depressive Eltern, Mütter wie Väter, finden in ihrer Umgebung alles, was sie an der Einsicht hindert, depressiv erkrankt zu sein. Eine Mutter, die über zu viel Hausarbeit oder ihre anstrengenden Kinder klagt, wird überall auf „Verständnis" stoßen. Und auch wenn ihr Sorgen um ihre Kinder den Nachtschlaf rauben, so wird sie jeder Freundin davon berichten können, ohne daß diese auf den Gedanken käme, die grübelnde Schlaflosigkeit sei Ausdruck einer depressiven Erkrankung. Ähnliches gilt für einen depressiven Vater innerhalb der Familie. Wenn er erschöpft von der Arbeit nach Hause kommt, so ist das verständlicherweise auf die Anstrengung im Beruf zurückzuführen, auf finanzielle Dauersorgen, die ihm den Schlaf rauben; die sind bei jedem Familienbudget gut nachvollziehbar. Schlechte Laune und kritisch-nörgelnder Ton sind bei überlasteten Eltern (vor allem wenn ihre Kinder in der Adoleszenz sind) fast der Normalfall. So kommt es, daß depressive Eltern innerhalb der Familie über viel längere Zeit „unauffälliger" erscheinen als im Berufsleben.

Und es gibt noch einen Grund dafür, warum Depressionen im Rahmen einer Familie lange Zeit unentdeckt bleiben. Familienbeziehungen bedürfen bei weitem nicht des komplizierten sozialen Regelwerks („Höflichkeit"), das zum Überleben in der Gesellschaft nötig ist. Familienbindungen funktionieren wie Gummibänder, sie werden straffer bei Entfernung und lockerer bei Annäherung. Die Trennungsangst schützt vor Überdehnung, das Inzestverbot vor zu großer Nähe. Projektive Verzerrungen, d.h. die Tendenz, eigene Fehler und Stärken nicht bei sich, sondern beim Gegenüber zu sehen, gehören zum Alltag fast jeder Familie, ihre Übergänge zur echten Einfühlung, zum „Durchschauen", weil man sich ja schließlich kennt, und zur Stigmatisierung sind fließend. So enthält schon das ganz normale Familienleben viele Elemente depressiver Kommunikationsformen.

Und dennoch geht es in Familien, in denen wirklich ein Elternteil oder auch beide Eltern depressiv sind, nicht nur quantitativ, sondern auch qualitativ ganz anders zu. **Kinder depressiver Eltern sind wie Seismographen.** Sie lernen, intuitiv auf Verstimmungsansätze zu reagieren, sie suchen stets eine harmonische Atmosphäre aufzubauen und vermeiden es, ihre kranke Mutter oder ihren kranken Vater zu belasten. Das setzt eine übermäßige Kontrolle eigener Regungen voraus. Und so finden sich bei ihnen unterschwellig Aggressionen und Ablehnung gegen ihre Eltern, die langfristig auf alle wichtigen Personen außerhalb übertragen werden. Es häufen sich bei diesen Kindern alle Formen von Verhaltensstörungen, die auf mangelnde soziale Kompetenz zurückzuführen sind, so zum Beispiel die Fähigkeit, auf Mitmenschen zuzugehen, Kränkungen auszuhalten, aus Andeutungen auf die Absichten des anderen schließen zu können und Aggressionen so zu dosieren, daß sie nicht zum Beziehungsabbruch führen.

Wie kann man das verstehen, daß Kinder durch die Depression ihrer Eltern so nachhaltig irritiert werden?

Hierzu haben Forschungen Antworten gefunden, die sich mit der **Kommunikation zwischen Müttern und Säuglingen,** aber auch zwischen depressiven Erwachsenen und gesunden Gesprächspartnern beschäftigt haben. Viele Tausende von Filmen und Tonbändern sind auf Mimik, Tonfall, Sprechtempo, Blickkontakt u.a.m. analysiert worden; die Ergebnisse kann man in drei wichtigen Punkten zusammenfassen:

1. Depressive Menschen sind eingeschränkt in der Geschwindigkeit der Kommunikation und haben weitgehend die Fähigkeit verloren, Gefühle mimisch auszudrücken.
2. Durch Meiden des Blickkontakts, durch leises und monotones Sprechen sowie durch Präsentieren eines traurigen Gesichtsausdrucks (hängende Mundwinkel) erzeugen sie in ihrem Gegenüber unangenehme Gefühle, die schließlich zum Abbruch der Kommunikation führen.
3. Durch ausgewählte Beachtung der negativen Seiten der Welt und der unerfreulichen Eigenschaften des anderen rufen sie Wut und Aggressionen hervor, verbunden mit Schuldgefühlen, wenn sie selber sich als Opfer anbieten.

Es ist immer wieder eindrucksvoll, wie wenig man sich im Zusammensein mit einem depressiven Menschen dessen „schwarzgalliger" Ausstrahlung entziehen kann. (Die Griechen haben schon vor über zweitausend Jahren die Idee gehabt, die Depression sei eine „Melancholia", d.h. eine Auswirkung der schwarzen Galle auf den ganzen Körper – und wer dächte da nicht wirklich an das von Schmerz, Gram und übler Laune verzerrte Gesicht eines Patienten mit einem Gallenblasenleiden?)

Auch der psychisch stabilste Ehepartner gerät irgendwann einmal in diesen Sog irritierender Gefühle, wenn er mit einem depressiven Partner zusammenlebt. Wie sehr muß sich die Kommunikationsstörung Depression erst auf Säuglinge auswirken, die auf prompte und „richtige" Erwiderung ihrer Gefühle angewiesen sind, um allmählich zu lernen, welche Wirkung ihre Empfindungsäußerungen auf die Außenwelt ausüben. Der englische Kinderarzt und Psychoanalytiker Winnicott hat bereits vor einem halben Jahrhundert vermutet, daß Erwachsene, die sich nicht mit der Wahrnehmung ihrer eigenen Grundbedürfnisse auskennen, über ein „falsches Selbst" verfügen, das sich in tausenden von

Stunden fehlgelaufener Kommunikation in ihrer Kindheit herausgebildet hat.

*Ein anschauliches Beispiel dafür hat uns eine Mutter vor einigen
Jahren in unserer Kinderschlafambulanz vor Augen geführt, als
sie uns wegen der turbulenten Nächte aufsuchte, die sie mit
Petra, ihrem ersten Kind, seit deren Geburt verbrachte. Sie müsse
sich immer erst überwinden, ihrer Tochter nachts die Brust zu
geben, da sie nie glauben könne, daß die zehn Wochen alte Petra
wirklich Hunger habe. Sie müsse stets erst einmal denken, Petra
sei wütend und wolle sie nur beißen und mit Schmerzen quälen.
Auch die Aufklärung des Kinderarztes und ihres Mannes, ja,
auch ihr eigenes Wissen (sie war Krankenschwester) hätten sie
nicht wirklich innerlich überzeugen können, daß ein kleiner
Säugling nachts einfach nur trinken wolle. Sie hatte schreckliche
Schuldgefühle, weil sie derart „böse" Gedanken über ihre Tochter hegte, auf die sie sich doch so sehr gefreut hatte.*

*Wir beschlossen, einige Stillszenen einmal zu filmen und uns
gemeinsam das Video dann anzuschauen. Nach zehn Minuten
Videovorführung fing die Mutter an zu weinen und bat mich
dringend, das Gerät abzustellen. Dann konnte sie erst lange Zeit
nicht sprechen. Schließlich brachte sie schluchzend hervor: „Das
ist ja noch ein Kind!" Und nun erzählte sie ihre Kindheits-
geschichte mit einer offensichtlich über viele Jahre depressiven,
alleinerziehenden Mutter. Sie habe immer gedacht, die Mutter
sei böse auf sie, wenn sie um etwas gebeten habe! Sie könne
heute noch die Stimme der erschöpften Mutter hören: „Was
willst du denn jetzt schon wieder? Du machst mich noch fix und
fertig!" Wünschen und Fertig-Machen waren im Gedächtnis dieser jungen Mutter, die mich nun mit ihrem eigenen Säugling aufsuchte, aufs engste miteinander verbunden und beherrschten
derart ihr Denken, daß sie nicht mehr ihre eigenen Gefühle von
der Wahrnehmung der Bedürfnisse der kleinen Petra unterscheiden konnte. Petra entwickelte in den folgenden Monaten eine
schwere Eßstörung, das heißt, sie spuckte alles aus, was ihr über
die Mutterbrust angeboten wurde. Um den schlimmsten Schaden abzuwenden, beschlossen wir, es dem Vater zu überlassen,*

Petra mit der Flasche zu ernähren, was nahezu auf Anhieb ge-
lang. Die Mutter begann eine zweijährige psychoanalytische Be-
handlung, die ihr große Hilfe geben konnte. Als wir die Familie
neun Jahre später wiedersahen, da hatte sich Petra zu einem hüb-
schen, ehrgeizigen Mädchen entwickelt, das nun – in der Vorpu-
bertät – erneut beunruhigende Eßprobleme entwickelt hatte, so
daß der Kinderarzt den Beginn einer Magersuchtserkrankung
befürchtete. Wir erfuhren, daß Petra all die Jahre eine schlechte
Esserin gewesen war und daß die Mutter sehr unter dem Gefühl
gelitten hatte, Petra lasse sie irgendwie nie richtig an sich heran-
kommen. Immer wenn sie krank sei oder etwas auf dem Herzen
habe, laufe sie zum Vater. Über alles, was mit Schule und
Freundinnen zu tun habe, könne sie mit ihrer Tochter gut spre-
chen, aber das Gespräch breche sofort ab, wenn es um irgend-
etwas Körperliches gehe. Darüber drohe nun auch ihre Ehe aus-
einanderzubrechen.

Es bedurfte nun einer längeren Psychotherapie mit Petra, um
eine Magersuchtserkrankung abzuwenden. Das Resultat war die
Entwicklung einer Mutter-Tochter-Beziehung, die von außen
eher wie die zwischen zwei Freundinnen aussah. Der Vater, der
von der begleitenden Beratung die Einsicht gewonnen hatte, daß
er eine wichtige Stütze für beide Frauen darstellte, hielt zu sei-
ner Familie und meinte in unserer abschließenden gemeinsamen
Sitzung: „Man kann auch als Mann ganz stolz darauf sein, wenn
man ein wenig Mutter spielen kann!" Die Depression der
Großmutter, also der Mutter von Petras Mutter, hatte sich leider
als nicht behandelbar erwiesen. Petra hatte ihre Großmutter ver-
loren, als sie selber acht Jahre alt war – durch Suizid.

Eltern mit einem depressiven Kind vermögen zwar zu erkennen, daß ihr Kind krank ist, aber auch sie geraten in den Strudel
irritierender Gefühle, der typisch ist für die atmosphärische Wirkung der Depression. Häufig sind Familien, in denen ein Kind
depressiv wird, durch eine Reihe vorangehender Schicksals-
schläge (Arbeitslosigkeit, schwere Erkrankung, Scheidung, Gewalt, Tod) gezeichnet. Hinzu kommt ein Familienklima dauernder Kritik oder Überforderung und Konfliktsituationen, aus
denen das Kind als Sündenbock hervorgegangen ist.

Aber auch die besten Eltern in den stabilsten Verhältnissen können mit der Situation konfrontiert werden, sich immer hilfloser gegenüber der Antriebslosigkeit, hohen Kränkbarkeit und Verzagtheit eines Kindes vorzufinden. Hört man auf die Erfahrungen, die Eltern in der langen Vorlaufzeit bis zur Diagnosestellung hinter sich haben, so kann man einen geradezu gesetzmäßigen Verlauf der vergeblichen Bemühungen beobachten, mit einer unverständlichen Kommunikation fertig zu werden, der keiner in der Familie sich zu entziehen vermag. Anfangs löst ein depressives Kind Besorgnis und Mitgefühl aus. Doch spätestens dann, wenn dies Kind sich nicht trösten lassen möchte und alle von sich fernzuhalten sucht, wenn es Dinge kaputt macht, die ihm bislang lieb und teuer waren, dann beginnt eine zweite Stufe. Jetzt sollen Erziehungs-, meist Strafmaßnahmen, das Kind wieder „normal" machen. Diese zweite Phase kann sich sehr lange hinziehen und mobilisiert viele Erwachsene in der Umgebung, die sich alle als „Pädagogen" zum Handeln aufgefordert fühlen. Das ist die Zeit, in der die Grundlage für eine Fülle von Verhaltensstörungen gelegt wird, die dann eine Eigendynamik entwickeln. Das Kind beginnt zu lügen, zu stehlen, wegzulaufen, versagt in der Schule und quält andere Kinder, meist jüngere und schwächere. Kommt es auch auf dieser Stufe zu keiner hilfreichen Intervention, so schlägt das erzieherische Engagement in Ablehnung und Gleichgültigkeit um. Jeder fühlt sich in Anwesenheit des Kindes unwohl, als sei es aussätzig. Da alle ja „ihr Bestes" versucht haben, gilt das Kind als undankbar, unverschämt oder asozial. Nun richtet sich das Mitgefühl der Umwelt auf die Eltern, die Geschwister, die Lehrer, die unter dem „schlimmen Kind" täglich zu leiden haben. Auf dieser dritten Stufe beginnt dann die Karriere einer „depressiven Entwicklung", einer Dysthymie, die unter den kindlichen Depressionsformen die häufigste ist.

Auf der ersten Stufe werden depressive Kinder häufig wegen Körperbeschwerden, Ängsten oder Schlafstörungen KinderärztInnen vorgestellt, auf der zweiten den PsychologInnen in einer Erziehungsberatungsstelle. Auf der dritten kommt es – vor allem bei Jugendlichen – zu einem Eingreifen der Polizei oder der Sozialarbeiter des Jugendamtes, die dann oft auch keine andere Möglichkeit mehr sehen, als ein solches Kind aus der Familie herauszunehmen.

Diese Stufenentwicklung mag erklären, warum eine depressive Störung im Kindesalter (im Unterschied zum Erwachsenenalter!) fast immer mit einer weiteren seelischen Störung einhergeht.

Depressive Kinder sind „schwierige Kinder". Sie greifen an – die Eltern, Geschwister, Spielkameraden, ihr liebstes Spielzeug, Lehrer, Ärzte, ja, selbst ihre PsychotherapeutInnen. Solange sie angreifen, besteht Hoffnung. Erst wenn der Angriff sich gegen die eigene Person wendet, geht es nicht mehr alleine ums seelische, sondern jetzt auch ums physische Überleben.

Die Kinderdepression trägt Masken; sie schützt sich gegen das Erkannt-Werden, um nicht als Traurigkeit mißverstanden und abgetan zu werden!

Die größten Chancen hat ein depressives Kind, Hilfe zu bekommen, wenn die Eltern um diese Erkrankung wissen und zuerst einmal alleine, d.h. ohne das Kind, eine wirklich fachkompetente Frau oder einen Mann aufsuchen, die/der sie anhört und die/der die Eltern nicht mit Schuldzuschreibungen konfrontiert, denn dann dürften die Eltern zu Recht an ihrer bzw. seiner Fachkompetenz Zweifel hegen.

9. Kapitel
Die „Masken" der Kinderdepression

Es liegt nun schon einige Jahre zurück, da brachte mich eine Studentin, nachdem sie eine Stunde Vorlesung mit Definitionen und Symptomaufzählungen zum Thema Kinderdepression hatte über sich ergehen lassen, in eine höchst peinliche Situation. Sie fragte ganz einfach: „Haben Sie schon einmal ein depressives Kind gesehen?" Damals verstand ich die Frage erst gar nicht, dann dachte ich, sie wolle mich provozieren, hatte ich doch die ganze Zeit über nichts anderes gesprochen als darüber, wie depressive Kinder aussehen, was sie fühlen und welche Schwierigkeiten sie machen. Nach einiger Zeit begriff ich, daß sie genau das angesprochen hatte, was mir in meiner fachlichen Blindheit tatsächlich aus dem Blickfeld geraten war. Sie wollte nämlich wissen, ob es wirklich so etwas gäbe, wie „nur-depressive Kinder". Natürlich hätten die auch oft noch andere Probleme oder so ähnlich, habe ich damals geantwortet. Aber mir war nicht ganz wohl bei dieser Anwort. Da ich dies Gefühl nicht auf mir sitzen lassen wollte, fing ich an, darüber gründlicher nachzudenken, wissenschaftliche Literatur zu lesen und KollegInnen zu konsultieren, die sich näher mit dem Thema beschäftigt hatten. Das Ergebnis war hoch interessant, wenngleich auch nicht auf Anhieb so leicht zu verstehen.

Worum geht es bei der Frage, ob es eigentlich „nur-depressive Kinder" gibt? Es geht um nicht viel weniger als darum, zu fragen, ob diese medizinisch-psychologischen Schubladenwörter, zu denen „depressiv" gehört, nur (idealtypische) Konstruktionen einer Wirklichkeit sind, die es in dieser Form gar nicht gibt. Oder ob man tatsächlich aus der Fülle von Verhaltensweisen, die jedes Kind zeigt, in denen es sich von Tag zu Tag und von Situation zu Situation ändert, so etwas wie den roten Faden „Kinderdepression" erkennen kann.

Die heutige Sichtweise, die auch diesem Buch zugrunde liegt, geht von folgendem aus: Mehr als jedes zweite depressiv er-

krankte Kind weist mindestens eine weitere voll ausgebildete seelische oder körperliche Störung auf, die nicht in der Symptom-
konstellation der Depression aufgeht.!

Am häufigsten ist das gleichzeitige Auftreten von Depression
und Angststörung im Kindesalter (50%). Ebenfalls häufig (30%)
sind gleichzeitiges Auftreten von Depression und Hyperaktivität
(40%) sowie Depression und Störung des Sozialverhaltens (30%).
Im Jugendalter sind 25% aller Depressiven drogenabhängig.

Wenn Kinder oder Jugendliche eine depressive Episode erleben, nachdem sie bereits seit über einem Jahr an den milderen
Symptomen einer depressiven Entwicklung (Dysthymie) gelitten
haben, so ist ihre Prognose ganz besonders schlecht. Mehr als
zwei Drittel aller Kinder, die eine solche depressive Entwicklung
nehmen, werden später eine schwere Depression bekommen!

Wenn man bedenkt, daß jedes zweite depressive Kind eine weitere seelische Krankheit aufweist und wenn man ferner berücksichtigt, daß man diesen Kindern nur unzureichend hilft, wenn
man ihnen ausschließlich in ihrer Depression beisteht, dann wird
deutlich, wie wichtig es ist, diese anderen seelischen Störungen
genau zu kennen und auch gesondert zu behandeln.

Wie sieht nun bei einem Kind eine **Angststörung** aus? Angst
gehört zum normalen Leben jedes Kindes und jedes Jugendlichen
dazu. Angst warnt vor Gefahr und dient damit der Lebensbewäl-
tigung. Von einer Angststörung kann man erst dann sprechen,
wenn sie den Betroffenen nachhaltig lähmt und eben nicht Strategien der Bewältigung freisetzt. Von Angststörung spricht man
auch dann, wenn ein Mensch durch die körperlichen Auswirkungen dieses Gefühls, also durch den Anstieg seiner Streßhormone
(Herzklopfen, Schwitzen u.a.m.), langfristig Schäden an seinen
Organen bekommen kann oder aber auch, wenn sie zu seelischen
Störungen (Psychosen oder auch Depressionen) führt.

Ein angstkrankes Kind
- macht sich ständig Sorgen über seine Zukunft und über seine
  Sicherheit oder über die seiner wichtigsten Bezugspersonen,
- ist ständig innerlich unruhig,
- leidet häufig unter Alpträumen,

- kann sich nicht trennen ("Trennungsangsstörung", "Schulphobie"),
- ist über Bauchschmerzen, Kopfschmerzen, Herzstechen und ähnliches hoch beunruhigt.

Es ist eine Besonderheit der Depression im Kindesalter, daß sie besonders häufig mit Angststörungen einhergeht. Das ist einer der Hauptgründe dafür, daß Frühstadien von Kinderdepressionen nicht erkannt werden. Amerikanische Forscher haben inzwischen in Langzeituntersuchungen herausgefunden, daß die Kinder, die auffallend scheu und schüchtern sind, sich ständig schämen und sich nichts zutrauen, als Erwachsene zu häufigen Depressionen neigen. Vielleicht drückt sich die Depression bei vielen Kindern nur anders aus, nämlich als Angst vor sozialen Beziehungen, über körperliche Beschwerden wie zum Beispiel Bauchschmerzen oder über Schlafstörungen.

Am deutlichsten findet sich der Zusammenhang zwischen Depression und Angststörung bei Kindern, bei denen man als Laie erst einmal gar nicht an eine Depression denken würde. Gemeint sind Kinder mit starker **Trennungsangst**, die es auch jenseits des dritten Lebensjahres noch nicht gelernt haben, sich von ihrer Mutter zu trennen. Sehr häufig zeigen sie hartnäckige Ein- und Durchschlafstörungen und kommen noch jede Nacht ins Bett der Eltern. Wenn die Eltern sie in ihrer Verzweiflung schließlich barsch abweisen oder gar ihre Türe abschließen, so gehen solche Kinder nicht trotzig-verärgert in ihr Bettchen zurück, vielmehr kauern sie sich vor der elterlichen Tür in ein Eckchen und kampieren so den Rest der Nacht auf dem Flur.

Im Grundschulalter sieht diese Trennungsangststörung etwas anders aus und wird dann als **„Schulphobie"** bezeichnet. Diese Kinder bekommen bereits beim Frühstück Bauchschmerzen, wenn sie nur daran denken, daß sie gleich wieder in die Schule gehen sollen. Dabei ist es eigentlich gar nicht die Schule, die angst macht (Schulangst sieht nämlich ganz anders aus), sondern die Trennung von zu Hause. Sind diese Kinder erst einmal in der Schule angekommen, dann scheint die Angst verflogen zu sein. Daher finden die KinderpsychiaterInnen bei schulphobischen

Kindern meist den eigentlichen Patienten in der übrigen Familie. Oft haben die Kinder Angst, ihre Mutter alleine zurückzulassen, denn sie spüren sehr fein, wie beunruhigt die Mutter ist, ihr Kind zu verlieren. Viele dieser Mütter (auch Väter kann diese Konstellation betreffen!) leiden selber unter einer Depression oder unter körperlichen Erkrankungen, die sie in den Augen ihrer Kinder hilflos erscheinen lassen. Eine langanhaltende Schulphobie ist eine ernsthafte seelische Erkrankung und bedarf meist einer stationären Behandlung des Kindes, einer Familientherapie und einer Einzelbehandlung mindestens eines weiteren Familienmitgliedes.

Und noch eine seelische Erkrankung, die mit den Angststörungen eng verwandt ist, die aber bei Kindern erst ab dem Grundschulalter auftritt, quält depressive Kinder gehäuft, die **Zwangsstörung**. Ein zwangskrankes Kind kommt sich wie ein Sklave gegenüber einem unerbittlichen Befehlshaber vor, der es ständig zwingt, die unsinnigsten Dinge zu denken oder auszuführen. „Ich will das doch gar nicht, aber ich muß das tun!" sagen diese Kinder. Sie leiden und bekommen Ängste, wenn sie ihren Zwängen nicht nachgeben können, und kommen sich irgendwie krank vor, wenn sie ihnen Folge leisten. So können sie abends zum Beispiel nicht ohne ein starres Ritual einschlafen: Dreimal muß die Bettdecke geradegezogen, sieben mal muß das Licht an und ausgeschaltet werden. Eine Zeichnung auf einem Blatt Papier kommt gar nicht zustande, wieder und wieder muß der erste Bleistiftstrich ausradiert werden, weil er nie richtig gelingt.

Einer meiner kleinen Patienten konnte über Tage nicht mehr auf die Toilette gehen aus Angst, das Toilettenpapier könnte irgendwelche Krankheitserreger enthalten, die den ganzen Körper vergiften würden.

Eine andere kleine Patientin, die neunjährige **Jeanine**, *mußte riesige Umwege zur Schule machen. Sie durfte nur asphaltierte Wege benutzen, weil sie auf keinen Fall auf die Ritzen zwischen den Pflastersteinen des Bürgersteigs in der Nachbarschaft treten wollte. Das Geheimnis der Ritzen begann sich erst dann zu lüften, als sie mir erzählte, wie sie eines Tages genau an dieser*

Stelle des Schulwegs von dem schlimmen Gedanken überfallen worden war, sie könnte aus Wut über ihre „schreckliche Lehrerin" tiefe Kratzer in das Lehrerpult machen. Fortan mußte sie immer daran denken, wenn sie breite Ritzen zwischen den Steinen sah. Sie hatte panische Angst, auf diese Ritzen zu treten; und da sie sich auch verbot, über die Straße zu gehen, mußte sie nun einen langen Umweg über die Felder benutzen, einen Weg, der garantiert frei von solchen Ritzen war. Wie häufig in solchen Fällen reichte es übrigens nicht aus, daß wir gemeinsam den Zusammenhang zwischen den Ritzen und der unterdrückten Wut auf ihre Lehrerin erkannt hatten. Es blieb uns nichts anderes übrig, als gemeinsam mehrmals zu der „schlimmen Stelle" ihres Schulwegs wirklich hinzugehen und dort ein mühseliges „Ritzentraining" zu absolvieren.

Kurz darauf entwickelte sie einen quälenden Waschzwang, das heißt, sie mußte immer wieder ihre Hände waschen, bis sie ganz wund waren. Irgend etwas Schmutziges konnte ja noch zurückgeblieben sein. Daher durfte sie auch keine Handtücher benutzen. Erst jetzt tauchte – über einer Kinderzeichnung übrigens – die Verbindung Ritzen-Wut-Angst-Schmutz-Masturbation auf. Dies stimmte überein mit der in ihrer Familie überaus streng verpönten Beschäftigung mit dem Thema Sexualität. Sie hatte in den vorangegangenen Monaten mehr von diesem Thema unter Klassenkameradinnen erfahren, als sie mit ihrem Gewissen für vereinbar hielt. Für dies strenge Gewissen aber stand die „schreckliche" Lehrerin, von der sie wußte, daß sie mindestens einmal pro Woche ihrer Mutter am Telefon berichtete, was Jeanine in der Schule „so treibe" ...! Jeanine war ein strebsames, intelligentes, scheues und des öfteren bedrückt wirkendes Mädchen. Sie konnte sich im Laufe der sechsmonatigen Behandlung wieder von ihren Zwängen befreien, und sie bewältigte die Konfrontation mit dem Thema Sexualität auf ihre Weise: Sie ging häufig in die Stadtbibliothek und entwickelte sich zu einer Expertin in Sachen Liebesleben der Vögel. Außerdem, so schrieb sie mir ein Jahr später, wolle sie Tierärztin werden.

Die beiden Krankheiten Depression und Zwangsstörung treten wie bei Kindern so auch bei Erwachsenen häufig gemeinsam auf. Eine mögliche Erklärung ist, daß die Störungen der Stoffwechselvorgänge im Gehirn große Ähnlichkeit miteinander besitzen. Eine andere, daß die Zwänge „eingesetzt" werden, damit nicht das fürchterliche Gefühl depressiver Angst und Leere hochkommt. Tatsächlich kommen diese Gefühle oft erst dann zum Ausdruck, wenn es gelungen ist, die Zwänge zu bewältigen, sei es durch verhaltenstherapeutische oder durch medikamentöse Hilfe. Und dennoch sind Zwang und Depression bei einigen Kindern eindeutig parallel auftretende Krankheiten. Bei diesen Kindern reicht es nicht aus, nur ihre Ängste und Depression zu behandeln, sie brauchen zusätzliche Unterstützung gegen ihre Zwänge!

Weniger für Kinder als für Adoleszente ist der Zusammenhang von Depression und **Eßstörungen,** also vor allem der Magersucht (Anorexie) und der Eß-Brech-Sucht (Bulimie), von Bedeutung. Die allermeisten Kinder, die unter einer Depression leiden, haben auch Appetitstörungen und sitzen, „im Essen herumstochernd", vor ihrem Teller, oder aber sie haben Eßgelüste nach Süßigkeiten, mit denen sie ausdrücken, daß sie etwas von außen brauchen, was die innere Leere ausfüllen soll.

Bei den **Magersüchtigen** indes ist der Zusammenhang viel komplizierter. Zwar durchlebt jede/r dritte Jugendliche/r im Laufe seiner Magersuchtserkrankung auch depressive Phasen, aber bei den meisten Magersuchtskrankungen bessert sich die anfangs depressive Verstimmung, sobald sie/er wieder auf einem individuell angemessenen Körpergewicht angelangt ist. Hier gilt, daß die Gewichtszunahme die beste Form der Depressionsbehandlung ist. Antidepressiv wirkende Medikamente bringen zumeist keine Besserung. BulimiepatientInnen aber kann man mit Antidepressiva sowohl zu einer besseren Stimmung als auch zu einer Befreiung von ihrem Eß-Brech-Zwang verhelfen. Medikamente reichen jedoch auch hier nicht aus; denn Bulimiekranke leiden immer auch unter einer Fülle andere seelischer Probleme, für die sie psychotherapeutische Hilfe benötigen.

Ein weiteres typisches Jugendthema ist der **Zusammenhang zwischen Depression und Drogen einschließlich Alkoholmiß-**

brauch. In über 30 Prozent der Fälle geht dem Substanzen-mißbrauch eine nicht erkannte Depression voraus. Aber noch mehr Jugendliche, die auf die „Drogenschiene" gelangt sind, werden depressiv infolge der vielen Schwierigkeiten, die sie in Schule, Elternhaus und ihren Freundesgruppen bekommen, manche auch durch die Drogen selber. Auch hier gilt es, darauf zu achten, inwieweit bei einem Jugendlichen nicht Depression und Drogensucht zwei eigenständige Krankheiten sind, die unabhängig von einander auftreten und bei denen nicht die Behandlung der einen auch zu einer Besserung der anderen Erkrankung führt.

Es ist nur schwer vorstellbar, daß sich hinter der **Hyperaktivität** eines Kindes, das stets auf dem Sprung ist, auf alles in seiner Umgebung sofort reagieren muß und alle ständig in Atem hält, tatsächlich die Leere und Antriebslosigkeit einer Depression verbirgt. Und doch erweist sich jeder fünfte dieser Zappelphillippe (es gibt auch Zappelliesen, aber sie sind deutlich seltener) als depressiv. Umgekehrt ist unter den wirklich depressiven Kindern fast jedes zweite Kind hyperaktiv. Im Kindergartenalter kommen eher ErzieherInnen als die Eltern auf die Idee, daß ein unruhiges Kind nicht nur halt temperamentvoller ist oder aber noch nicht gelernt hat, sich in eine Gruppe einzuordnen. Wenn man Kindergarteneltern fragt, wie „umtriebig" sie ihr Kind zu Hause erleben, so schildern sehr viele (40%), ihr Kind sei „ständig auf Achse" und könne nicht stillsitzen. Die Kindergärtnerinnen sind da schon viel geduldiger (15%).

Nicht alle diese Kinder sind wirklich „hyperaktiv", nur ein kleiner Prozentsatz von ihnen, nämlich nur etwa 5 Prozent eines Jahrgangs. Schaut man zurück in die bisherige Entwicklung dieser hyperaktiven Kinder, so ist die Hälfte von ihnen bereits im Säuglingsalter auffallend unruhig gewesen, aber es gibt eben auch ruhige Säuglinge, die sich noch zu hyperaktiven Kindern entwickeln können.

Doch wie kann es sein, daß so verschiedene Störungsbilder wie das Hyperaktivitätssyndrom (ADHD = Attention-Deficit-Hyper-activity-Disorder) und die kindliche Depression überhaupt zusammenhängen? Was sich dahinter verbirgt, ist noch weitgehend unerforscht, aber es deutet viel darauf hin, daß es einen Zusammenhang über die Vererbung gibt, denn hyperaktive Kinder haben überzufällig oft eine Mutter oder einen Vater, die an einer Depression leiden.

Von großer Bedeutung ist der enge Zusammenhang zwischen Depression und **Verhaltensstörungen** bei Kindern. Dazu folgendes Beispiel:

Tim *hat sich in den letzten Wochen zum Tyrann in seiner Kindergartengruppe entwickelt. Er lügt, schlägt vor allem die Mädchen und die kleineren Jungen, und nun hat er auch noch ein Messer mitgebracht. Die Kindergärtnerin zitiert die Eltern herbei. Und jetzt kommt es zum heftigen Streit unter den Erwachsenen über die Frage: Ist Tim eigentlich böse, rücksichtslos und schlecht erzogen oder geht es ihm in Wahrheit seelisch schlecht, nur daß er es nicht über die Lippen bringt zu sagen, er wolle, daß man sich auch mal um ihn so kümmere wie um die anderen und ihm helfe, wenn er etwas nicht hinkriege. Ist Tim also „verhaltensgestört" oder ist er „depressiv"? Entsprechend sagen auch die einen, Tim müsse man mehr Grenzen setzen, man müsse ihm zeigen, durch Strafen fühlbar machen, daß es so nicht weiter gehe. Die anderen plädieren für „Verständnis" und meinen, man müsse herausfinden, worunter er „eigentlich" leide. Dabei könnte eine dritte Einschätzung vielleicht Tim viel eher gerecht werden: Tim ist vieleicht sowohl depressiv als auch verhaltensgestört! Denn jedes zweite depressive Kind (einige Forscher meinen sogar: fast alle depressiven Kinder) zeigen mehr oder weniger starke Verhaltensweisen, die eine Schädigung der anderen zur Folge haben.*

Die umgekehrte Beziehung gilt aber nicht: Es verbirgt sich durchaus nicht hinter jeder Verhaltensstörung auch gleich eine Depression – die dann als „Entschuldigung" angeführt werden könnte. Ganz im Gegenteil: Die allermeisten Kinder, die sich nicht an Regeln halten können, die sich gemein oder destruktiv verhalten, die Erziehern und Eltern ständig deren Ohnmacht vor Augen führen, sind nicht depressiv. Das gilt höchstens für etwa jedes fünfte verhaltensgestörte Kind. Nein, diese Kinder zeigen nur, was sie Vorbildern abgeguckt haben, auch wenn diese „Vorbilder" selber nichts davon wissen wollen. Sie haben andere Regeln gelernt als die, die eine Gemeinschaft braucht, um miteinander auszukommen. Und ohne daß diese Gemeinschaft mutig, selbstbewußt und konsequent von einem verhaltensgestörten Kind verlangt, daß es sich nach ihren Regeln richtet, wird es niemals erkennen können, daß seine bisherigen Vorstellungen vom Zusammenleben untauglich, schädlich und unliebenswürdig sind. (Verhaltensstörungen haben darüber hinaus noch weitere Ursachen, zum Beispiel die, daß ein Kind ein neuropsychologisches Problem hat, das es ihm erschwert, soziale Regeln überhaupt zu erlernen. Auch schwere, lang anhaltende Traumatisierungen bewirken Verhaltensstörungen.)

Wenn Tim Eltern und Erzieher hat, die ganz genau prüfen, ob Tim wirklich depressiv ist oder nicht – vielleicht brauchen sie dazu eine Fachfrau oder einen Fachmann –, dann hat er eine Chance, aus seinem Teufelskreis auszubrechen.

Doch die Erwachsenen müssen auch wissen, was Tim denn braucht, wenn die „Diagnose" einmal klar ausgesprochen ist. Und da können sie auf die Erfahrungen von Generationen von Psychologen, Kinderpsychiatern und Pädagogen zurückgreifen, die sich in ihrer Berufspraxis mit diesem Thema wie mit keinem zweiten haben auseinandersetzen müssen. In Kürze lautet diese Erfahrung: Erziehung passiert überall da, wo Kinder Liebe und Vorbildern begegnen – ganz gleich wie verkehrt diese „Liebe" sein mag und wie untauglich die „Vorbilder"!

Möchten Erwachsene, daß ein Kind sein Verhalten ändert, so können sie bei sich nur darauf zurückgreifen, was ihnen als Liebe gegenüber diesem „schlimmen" Kind zur Verfügung steht und welches Vorbild sie ihm vorleben. Eine Depression aber ist eine seelische Störung, die nicht mit erzieherischen, sondern nur mit psychotherapeutischen (manchmal auch zusammen mit medikamentösen) Mitteln änderbar ist.

Jedes Kind, ob gesund, depressiv oder verhaltensgestört, befindet sich in einem Erziehungsverhältnis – wenn es nicht die Eltern sind, dann sind es vielleicht die „schlimmen Kinder von nebenan". Aber depressive Kinder brauchen außerdem eine rasche und fachlich kompetente Behandlung.

Und KinderpsychotherapeutInnen müssen noch mehr tun, als mit Liebe und Vorbild auf ein Kind Einfluß zu nehmen. Das bedeutet umgekehrt, daß man ein Kind für die Zeit, in der es sich in einer Psychotherapie befindet, nicht von seiner Erziehung „beurlauben" kann. Wer das tut, der gibt lediglich seinen erzieherischen Einfluß auf und reicht ihn weiter an andere, die Liebe und Vorbildfunktion anbieten. Für ein Kind passiert Erziehung jeden Tag, denn es braucht Geborgenheit und Orientierung, ganz einfach deswegen, weil es noch schwach ist und wissen will, wie man stärker wird.

Tim hat vielleicht gelernt, daß er am meisten Zuwendung (Geborgenheit) bekommt dadurch, daß er etwas anstellt, was Strafe nach sich zieht, und seine Vorbilder hat er wahrscheinlich bei einem rücksichtslosen Erwachsenen, im Fernsehen oder bei den bewunderten großen Jungen gefunden. Diese strafenden und die verführenden Erwachsenen sind längst seine wahren Erzieher geworden, und sie werden es immer mehr werden, je weniger er Liebe und Vorbildfunktion bei denjenigen Erwachsenen findet, die ihm ein menschlich und sozial tragfähigeres Beispiel für seine Entwicklung geben könnten.

Im vergangenen „Jahrhundert des Kindes" hat es immer wieder die Tendenz gegeben, Psychotherapie durch Erziehung oder Erziehung durch Psychotherapie zu ersetzen. Das waren – zum Teil schwerwiegende – Fehlentwicklungen, die informierte Erwachsene im neuen Jahrhundert nicht mehr wiederholen müssen.

III. Warum und wann
wird ein Kind depressiv?

10. Kapitel
Die wichtigsten Erklärungsmodelle

Wenn ein Kind ganz allmählich seine natürliche Fröhlichkeit verliert, wenn es müde und lustlos in der Wohnung herumhängt, wenn es nur noch schlechter Laune ist und bei den kleinsten Zurechtweisungen zu weinen beginnt, dann spielt sich in Familien nahezu gesetzmäßig folgende Szene ab: Die Eltern beginnen zuerst mit Schimpfen, daraufhin fängt das Kind an zu weinen und zieht sich zurück. Schließlich kommt einer der Eltern, meist ist es die Mutter, auf das Kind zu und will wissen: „Was ist eigentlich mit dir los? Du heulst nur noch und kannst gar nichts mehr mit dir anfangen." Das Kind hält seinen Kopf gesenkt und guckt zu Boden oder es meint mürrisch und abweisend:" Nichts ist los!" Sind die Eltern dann für sich alleine, dann beginnt ihre Ursachenforschung. Allen Eltern fallen sofort Gründe ein – der Umzug vor ein paar Monaten, das Hänseln der anderen Kinder im Kindergarten. Vielleicht hat es auch darunter gelitten, daß die Mutter in der letzten Zeit so viel mit ihrem kranken Vater um die Ohren hatte. Oder ob da nicht doch irgendeine körperliche Krankheit hintersteckt? Sie suchen nach immer mehr Begründungen, denn ein depressives Kind ist wie eine ständige Anklage, die keine Ruhe läßt und die Rätsel aufgibt.

Dabei verhalten sich solche Eltern eigentlich ganz vernünftig. Sie suchen nach Auslösern der Verstimmung, der Bauchschmerzen, der Lustlosigkeit, sie suchen in der Vergangenheit nach Ursachen, die ihnen selbst „plausibel" erscheinen, nachvollziehbar aus ihrer Sicht als Erwachsene.

Es gibt sicherlich viele Situationen im Alltag eines Kindes, in denen einfühlsame Eltern mit dieser Methode zu Ergebnissen kommen, die wirklich als Erklärung taugen. Als Erklärung wofür? Meist finden sie Gründe, die Traurigkeit oder kurzfristige Verstimmungen, Ärger oder Frustration eines Kindes erklären können. Aber können solche Gründe überhaupt ausreichen, um eine derart schwere Störung wie eine kindliche Depression zu erklären? Bedenkt man, wie häufig Kinder Enttäuschungen, Trennungen und andere Belastungen in ihrem Alltag verarbeiten müssen, dann müßte es mehr depressive als fröhliche Kinder geben.

Die Ursachen einer Kinderdepression lassen sich nicht unmittelbar erkennen, und sie unterscheiden sich von denen für Trauer und schlechte Laune. Denn jedes Kind, das eine Depression entwickelt, bringt bereits eine Kombination von erblicher Belastung, frühkindlichen Bindungserfahrungen und aktuellen Entwicklungsschwierigkeiten mit sich. Wenn nun eine oft ganz unwesentliche Streßbelastung hinzukommt (das kann auch eine einfache Erkältung sein!), dann entfaltet sich die Depression mit einer eigenen Gesetzmäßigkeit. Man kann dies vergleichen mit einer Fieberreaktion. Auch hierfür braucht es eine Fülle von Voraussetzungen, die von Fall zu Fall ganz verschieden sein können, bei dem einen sind es die Viren oder die Bakterien, bei dem andern fehlen die Abwehrstoffe, bei dem dritten tritt eine Fehlschaltung im Gehirn auf. Dem Fieber selber kann man seine Ursachen nicht ansehen.

Um im Einzelfall brauchbare Ideen zu entwickeln, was wohl hinter der Depression eines ganz bestimmten Kindes stecken könnte, lohnt es sich, sich mit allgemeinen Depressionstheorien zu beschäftigen. Diese Theorien beziehen sich immer auf Verallgemeinerungen von Beobachtungen, die Forscher an vielen Kindern gewonnen haben. Sie sind so etwas wie der größte gemeinsame Nenner der verschiedenen Schicksale. Aber das macht sie nicht wertlos für die einzelne Mutter oder den einzelnen Vater, die bei ihrem eigenen Kind nach Ursachen suchen. Die Theorien, insoweit sie nicht nur spekulativ, sondern durch Erfahrung begründet sind, können wichtige Anhaltspunkte dafür geben, wo man denn suchen sollte und wo unsere Begründungen vielleicht nur einem Vorurteil entsprungen sind.

Im Umgang mit Theorien ist es ratsam, sich nicht verführen zu lassen, wenn sie plötzlich „alles„ erklären zu können scheinen. Viele psychologische Theorien verleiten dazu! Jede der unten dargestellten Depressionstheorien bezieht sich immer nur auf einen Ausschnitt und kann nie die ganze Krankheit erklären.

Genetische Theorien beziehen sich auf den Anteil an einer Depression, der über das Erbgut (DNA und RNA der Chromosomen) weitergegeben wird. Für die Aufklärung der Kinderdepression gibt es bislang noch keine sehr aufschlußreichen Befunde. Doch einige Daten aus der psychiatrischen Genetik, die bei der Untersuchung von Erwachsenen gewonnen worden sind, deuten daraufhin, daß zumindest die Disposition, depressiv auf Belastungen zu reagieren, von den Eltern an ihr Kind weitergegeben wird. Wenn eine Familie mit vier Kindern ein Elternteil hat, der depressiv erkrankt ist, so besteht die statistische Wahrscheinlich-

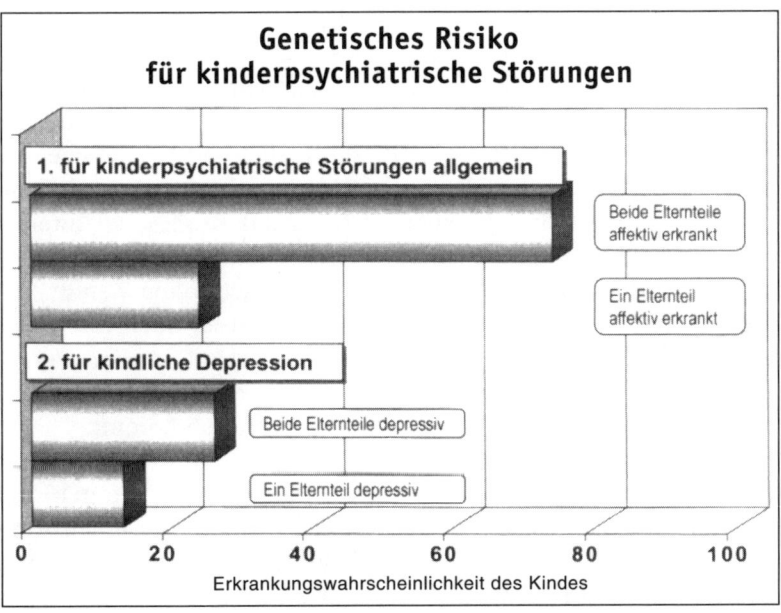

Genetisches Risiko für kinderpsychiatrische Störungen

1. für kinderpsychiatrische Störungen allgemein

Beide Elternteile affektiv erkrankt

Ein Elternteil affektiv erkrankt

2. für kindliche Depression

Beide Elternteile depressiv

Ein Elternteil depressiv

0   20   40   60   80   100

Erkrankungswahrscheinlichkeit des Kindes

keit, daß zumindest eines dieser Kinder wieder eine Depression erleiden wird. Bei zwei depressiven Eltern verdoppelt sich das Risiko für die Gruppe der Kinder. Eine manisch-depressive Erkrankung wird mit noch größerer Wahrscheinlichkeit vererbt. Bei der Dysthymie, also der lange einhergehenden, weniger dramatischen Form der Depression, ist das genetische Risiko deutlich geringer.

Den stärksten Hinweis auf die Vererbung von Eigenschaften, die sich auch (aber nicht nur!) in depressiven Störungen ausdrücken können, zeigen die Studien, die nachgewiesen haben, daß bei einem depressiv erkrankten Elternteil in der vierköpfigen Geschwistergruppe nur ein Kind irgendeine Art von psychischen Störungen aufweist, während es bei zwei depressiven Eltern gleich drei Kinder sind. Eine andere Formulierung lautet: Durch einen depressiven Elternteil versechsfacht sich das Risiko eines Kindes, selber depressiv zu werden. Die Vererbung der depressiven Disposition wirkt sich auch in soweit aus, daß in der nachfolgenden Generation der Beginn der gleichen Erkrankung früher liegt. Da nicht die Krankheit selbst, sondern nur die Anlage (Disposition) vererbt wird, ist es also möglich, durch günstige Entwicklungsbedingungen eines Kindes das Erkrankungsrisiko erheblich zu senken. Ob diese Befunde viel zur Erklärung der Kinderdepression beitragen können, ist sehr fraglich. Denn die Berechnungen beziehen sich fast ausschließlich auf Depressive, die bereits das Erwachsenenalter erreicht hatten, bevor sie erkranken. In einer Hinsicht sind sie aber auch für das Kindesalter interessant. Zeigt nämlich ein Kind frühe Anzeichen einer erhöhten seelischen Verletzbarkeit („Vulnerabilität"), auch ohne bereits depressiv geworden zu sein, und besteht bei Mutter oder Vater oder aber auch bei beiden bereits eine Depression in der Vorgeschichte, dann kann man eine Dispostion vermuten und sollte alles tun, damit die Krankheit nicht zum Ausbruch kommt.

Biologische Theorien berücksichtigen die Befunde, die man bei Untersuchungen des Stoffwechsels, der Hormone, der Botenstoffe im Gehirn (Neurotransmitter) und des Gehirns selber erhoben hat. Bei Kindern sind viele dieser Stoffe und Schaltsysteme noch nicht ausgereift. Das macht es schwer, die Ergebnisse der Erwachsenenforschung auf alle Kinder zu übertragen. Einige zeigen bereits Veränderungen bei Depressionen wie im Erwachsenenalter, andere nicht. Bei Gehirnfunktionsprüfungen (PET) fällt auf, daß Depressive ein weniger aktives linkes Vorderhirn haben, was den Verlust an Willensstärke erklären könnte. Auch schützen sich Depressive gegen noch weitere Streßbelastung dadurch, daß sie auf alle Umweltreize verlangsamt reagieren. So erscheinen Kinder im depressiven Zustand „begriffsstutziger"und weniger intelligent als in gesunden Zeiten.

Die Neurotransmitter Serotonin und Noradrenalin, aber auch Dopamin, sind bei Depressiven im Zustand einer Fehlregulation. Am besten untersucht ist das Phänomen, daß in wichtigen Bereichen des Zwischenhirns, in denen Gefühle reguliert werden, der Überträgerstoff Serotonin in viel zu geringer Konzentration vorhanden ist und daß auch die Rezeptoren hierfür unterentwickelt sind. Zur Zeit hat diese Erkenntnis zu einer segensreichen Erfindung von Medikamenten (Serotonin-Reuptake-Hemmer, SSRI) geführt, die binnen weniger Wochen bei vielen Depressiven ihre Wirkung entfalten, ohne selber viele Nebenwirkungen zu machen. Selbst Jugendlichen kann man heute mit diesen Medikamenten helfen.

Das Streßhormon Cortisol und sein vorgeschaltetes Steuerhormon CRF (cortico releasing factor) sind im Zustand der Depression tags wie nachts deutlich erhöht, und ihre Rezeptoren reagieren in dieser Situation hoch empfindlich. Bei einem Teil depressiver Kinder zeigt ein spezieller Provokationstest (DST, Dexamethasonsuppressionstest) diese erhöhte Labilität an. Jeder Depressive kann das an seiner quälenden inneren Unruhe spüren und an der Fülle der Alpträume merken, die ihn des nachts heimsuchen. Es liegt die Vermutung nahe, daß lange anhaltender Streß dazu führt, das gesamte Streßregulationssystem auf ein erhöhtes Niveau hinaufzuschaukeln, so daß dadurch Serotonin rascher abgebaut und eine Depression angestoßen wird. Ein für Kinder sehr wichtiger Nebeneffekt besteht in der Senkung ihrer körperlichen Abwehr gegen Krankheitserreger. So kann man sich erklären, warum Kinde, die über zu lange Zeit Streß ausgesetzt waren, krank werden, sobald der Streß etwas nachläßt. Erst dann nämlich kann sich der Körper gegen die krankmachenden Eindringlinge wehren und zum Beispiel Fieber und Schleimhautschwellungen hervorbringen. Viele depressiv erkrankten Kinder sind in ihrer Vorgeschichte auffallend häufig krank gewesen.

Viele Körpervorgänge wie die Temperaturregulation, die Schlaf-Wach-Regulation, die Ausschüttung von Wachstumshormonen und Streßhormonen verlaufen in Biologischen Rhythmen. Sie richten sich nach inneren Uhren, die aber in ihrer gegenseitigen Abstimmung durch äußere Reize empfindlich gestört werden können. Im Zustand der Depression haben sich einige dieser Rhythmen (bei Kindern z. B. die Ausschüttung des Wachstumshormons im Hypophysenvorderlappen) einfach aus dem Zusammenspiel mit anderen ausgeklinkt. So haben viele Depressive viel zu wenig Tiefschlaf und sind dafür besonders morgens, aber auch den Tag über müde. Wenn man Kinder im Ablauf eines geregelten Tages stört und ihre Schlaf- und Wachzeiten zu sehr variiert, so kann es zu einer solchen Dysregulation biologischer Rhythmen kommen, die sich als depressive Verstimmung äußert. Am stärksten merken die Menschen den Zusammenhang zwischen verschobenen biologischen Rhythmen und Depressivität, die regelmäßig im Herbst und Winter, wenn die Sonneneinstrahlung zurückgeht, etwas depressiver werden. Mit milden antidepressiv wirkenden pflanzlichen Mitteln wie dem Wirkstoff Hypericin des Johanniskrauts (Dosierung >900mg/Tag) kann man den Betroffenen fast aller Altersgruppen gegen diesen „unfreiwilligen Winterschlaf" helfen.

Der Zusammenhang zwischen der Produktion von Geschlechtshormonen und der Depressivität ist bislang noch nicht klar. Aus dem Erwachsenenalter sind der „baby blues" (die „Heultage" wenige Tage nach der Niederkunft) und das „prämenstruelle Syndrom" (die leichte depressive Verstimmung wenige Tage vor der Monatsblutung) bekannt, die beide auf einen plötzlichen Hormonabfall zurückgehen. Bekannt ist ferner, daß Jungen, deren männliche Geschlechtshormone (Testosteron) in den Jahren vor Beginn der Pubertät nur geringfügig ansteigen, verstärkt unter Selbstwertproblemen leiden und daß Mädchen, deren Androgenanteil relativ hoch ist, eher depressiv erscheinen. Aber die Vermutung, daß die Geschlechtshormone die bei allen Pubertierenden häufiger werdenden depressiven Verstimmungen erklären könnten, hat sich nicht bestätigen lassen. Die Tatsache, daß mit Beginn der Adoleszenz Mädchen plötzlich doppelt so stark depressionsgefährdet sind wie Jungen, geht vermutlich darauf zurück, daß sie in ihrer Kindheit deutlich häufiger seelischen Belastungssituationen ausgesetzt waren (Mädchen sind u. a. häufiger Opfer sexueller Übergriffe!) bzw. über weniger geeignete Bewältigungsmechanismen gegen Streß verfügen als Jungen. Hier dürfte also die Eigenart der Jungen, bei Verstimmungen eher anzugreifen als zu schlucken, von Vorteil sein. Ob solche Geschlechtsunterschiede auch dann noch bestehen werden, wenn Jungen eines Tages weniger nach aggressiven Bewältigungsmodellen sozialisiert und Mädchen früh lernen werden, nicht in die passive Opferrolle zu gelangen, ist sehr fraglich.

Viele **körperlichen Erkrankungen** wie eine einfache Erkältung, eine Diabeteserkrankung, ein Anfallsleiden, eine Hirnhautentzündung, eine Anämie (Mangel an roten Blutkörperchen) oder eine Unterfunktion der Schilddrüse können depressive Symptome hervorrufen oder – bei einer Grippe nicht selten – sogar eine Depression anstoßen. Es gibt sogar Medikamente wie z. B. Cortison, die Depressionen hervorrufen können.

Wenn man nach dem roten Faden sucht, der sich durch die Fülle der organischen Ursachen bzw. Ausdrucksformen der Depression zieht, so stößt man am ehesten auf CRF, das Steuerhormon des Streßhormons Cortison. Über dieses Hormon greift das denkende und fühlende Gehirn auf den Körper über, und umgekehrt beeinflussen die Streßhormone Denken und Fühlen im Sinne einer anhaltenden Alarmreaktion, als gelte es, jederzeit auf Überraschungen, Kampf und Gefahren eingestellt zu sein.

Führt man sich diese biologischen Theorien der Depression vor Augen, dann wird einem deutlich, wie wenig Kinderdepression mit Traurigsein zu tun hat und um wieviel mehr der Körper anzeigt, daß sich hier innerlich ein mörderischer Kampf abspielt, ein richtungsloser zudem.

Psychologische Theorien zur Depression sind weitaus bekannter als die genetischen und die biologischen. Ob sie historisch auch die älteren sind, ist nicht sicher. Immerhin war es eine „organische" Depressiontheorie, nach der im antiken Griechenland die Schwermut erklärt wurde. Man war der Meinung, daß Depressive von der „schwarzen Galle" vergiftet seien – ein Ausdruck, auf den der Begriff „Melancholie" zurückgeht. Der Gedanke, daß Streß als Ausdruck eines falsch geführten Lebens Depressionen verursache, kam nicht erst in der Neuzeit auf. Ein typisch neuzeitlicher Gedanke ist allerdings die Theorie, daß nicht irgendeine Form von Streß verantwortlich zu machen ist, sondern in erster Linie „interpersonaler Streß", also eine Reaktion auf chronische Belastung zwischenmenschlicher Beziehungen. Erst die Forschung der zweiten Hälfte des zwanzigsten Jahrhunderts hat die Mutter-Kind-Beziehung zu dem Ort gemacht, an dem lebenslange Beziehungsmuster entstehen und damit auch solche, die die Anfälligkeit für Depressionen bedingen. Die Depressionstheorien der letzten Jahre relativieren wieder die alles entscheidende Funktion der Beziehung eines Kindes zu seiner ersten wichtigsten Bezugsperson und berücksichtigen mehr die therapeutischen Erfahrungen, daß depressive Zustände im Verlaufe des Lebens aus den verschiedensten Gründen und mit höchst unterschiedlichen Mitteln ausgelöst, verhindert und wieder aufgehoben werden können.

Die wichtigsten psychologischen Depressionstheorien stammen aus der Psychoanalyse, der Lerntheorie und der Verhaltensforschung.

Die **Objektverlust-Theorie** ist die älteste der **psychoanalytischen Depressionstheorien** und geht auf Karl Abraham (1912) und Sigmund Freud (1917) zurück. Sie besagt, daß ein Mensch depressiv erkrankt, wenn er sich nicht (durch „Trauerarbeit") innerlich von einem geliebten Menschen, einer Idee, einer Gewissensanforderung oder einem wichtigen Bedürfnis trennen kann. Unter „Objekt" versteht man in der Psychoanalyse nicht nur einen Menschen, sondern alles, worauf sich ein wichtiges Bedürfnis (Trieb) ausrichtet. Der ursprünglich von Freud beschriebene Unterschied zwischen Trauer und Depression besteht darin, daß traurig reagiert, wer sich niedergeschlagen, verstimmt und ohne Antrieb zurückzieht, nachdem ihm etwas Liebes oder Wertvolles abhanden gekommen ist. Ein depressiver Mensch allerdings tut noch ein weiteres: Er setzt sich selbst innerlich herab, beschuldigt sich oder hält sich für untauglich, häßlich, dumm oder unliebenswert. Die Störung des Selbstwertgefühls und der „Objektverlust" hängen deswegen so eng miteinander zusammen, weil ein depressiver Mensch, noch bevor der Verlust überhaupt eintrat, dieses „Objekt" nötig gebraucht hatte, um sein schwaches Selbstwertgefühl zu stabilisieren. Erst beim Verlust bemerkt er, wie abhängig er in seiner Selbstachtung von diesem Menschen, diesem Ideal oder dieser Gewissensorientierung gewesen ist. Nach psychoanalytischer Auffassung – und darin unterscheidet sich diese Theorie von den meisten anderen – ist die Beschädigung also schon vorher eingetreten. Die Depression führt – bildlich gesprochen – dem Gehbehinderten nur vor Augen, daß er ohne Krücken gar nicht laufen kann. Daher ist es nach dieser Theorie bei jedem Depressiven das Vordringlichste herauszufinden, auf welcher Stufe der Entwicklung und in welchem Teil seines „psychischen Apparats" (Es, Ich, Ichideal oder Über-Ich) die Schädigung seines Selbstwertgefühls angesiedelt ist. Es ist interessant, wie sehr dieser Teil der Freudschen Depressionstheorie heute durch die Säuglingsforschung und die Entwicklungspsychologie gestützt wird. Der zweite Teil der psychoanalytischen Depressionstheorie ist schwer zu verstehen und vielleicht heute auch nicht mehr so relevant. Freud versucht darin den Selbsthaß des Depressiven zu erklären und vermutet, daß ein depressiver Mensch den Verlust einfach damit ungeschehen zu machen versucht (Regression), daß er sich mit dem Verlorenen identifiziert, das Objekt in sich aufnimmt (introjiziert); und da er es nicht lieben kann, bekämpft er es und damit sich selber. Für das Verständnis und die Behandlung der Kinderdepression hat die psychoanalytische Theorie (zumindest ihr erster Teil) bis heute eine hervorragende Bedeutung, weil sie von dem Therapeuten und dem Wissenschaftler verlangt, nach all den Entbehrungen und Konflikten in der frühen Entwicklung eines Patienten zu suchen, die verhindert haben, daß er sich als Kind gut, groß und stark hat fühlen können. So entstehen Narben in der psychischen Entwicklung, die bei Belastung aufbrechen werden. „Früh gestörte" Kinder haben ihre Narbe im ersten Lebensjahr erworben, als es darum ging, sich angenommen, geliebt und geschützt zu erleben. Zu einem späteren Zeitpunkt wurde ein Kind eventuell mit viel zu strengen Anforderungen, auf etwas verzichten zu können, konfrontiert, oder es galt nur dann als liebenswert, wenn es den überzogenen Leistungsanforderungen der Eltern nachstrebte, ohne sie je erfüllen zu können. So lange es sich anstrengte, merkte es nichts von dieser Narbe, aber als es dann nicht mehr konnte oder nicht mehr wollte, da verlor es zugleich die Achtung der Eltern, die es längst als Selbstachtung „verinnerlicht" hatte. Nach psychoanalytischer Theorie ist ein Mensch dann am ehesten gegen Depressionen geschützt, wenn seine Selbstachtung so stabil ist, daß er sich auch dann noch gut, groß und stark fühlt, wenn er im Alltag dafür keine Bestätigung mehr erfährt. Diesem Idealzustand kann sich jedes Kind (und jeder Erwachsene) lediglich annähern. Es wird wohl keinen Menschen geben, der derart „autonom" ist. Die psychoanalytische Theorie ist nun in der therapeutischen Umsetzung um einiges zu optimistisch gewesen, denn sie nimmt an, daß eine Heilung von der Depression möglich sei, indem der Patient sich seiner Entbehrungen und ungelösten Konflikte bewußt werde. Diesen Optimismus teilen die meisten Psychoanalytiker, vor allem die Kinderanalytiker, heute nicht mehr. Viele Wunden sind viel zu groß (und so manche Wunde geht gar auf einen „Defekt", also auf ein Fehlen, zurück), als daß sie durch eine Narbe hätte geschlossen werden können. Da hilft auch alles Bewußtmachen nicht. Es ist menschlicher ihm zu vermitteln, auf welche Krücken er verzichten kann (und sollte!) und auf welche eben nicht – lebenslang nicht. Die Erfahrung, die man in der kinderanalytischen Behandlung mit depressiven Kindern immer wieder machen kann, stimmt allerdings optimistischer: Wenn es wirklich gelingt, ein Kind erleben zu lassen, was es heißt, geliebt, bewundert und in seinen wirklichen (nicht den falschen!) Begabungen gefordert zu sein, dann kann es traurig Abschied nehmen von seinen unerfüllbaren Wünschen und sich um Ziele bemühen, die es auch erreichen kann. So kann es – und das dauert manchmal sehr lange, eventuell Jahre – sich schließlich in all seiner Unzulänglichkeit lieben und seine Zuneigung wieder anderen Menschen und neuen Zielen widmen. Das Ziel der psychoanalytischen Therapie („Kur") ist also nicht das bessere Funktionieren, sondern die Fähigkeit zu lieben und zu arbeiten, was bei Kindern heißt, kreativ zu spielen!

Tatsächlich findet man in der **Vorgeschichte depressiv Erkrankter** gehäuft frühe Verluste geliebter Menschen, und tatsächlich gehen Trauerprozesse, die nicht in einer angemessenen Zeit beendet werden können, in Depressionen über. Empirische Studien haben jedoch gezeigt, daß nicht der Verlust der entscheidende Grund für die Depressionsentwicklung ist, sondern die Tatsache, daß nach dem Verlusterleben keine neue Beziehung zur Verfügung gestanden hat (oder aber nicht hat angenommen werden können!). Bei Kindern kann man diese Gesetzmäßigkeit bestätigt finden, wenn sie ihre Mutter, ihren Vater, ein Geschwister, aber auch ihr Lieblingstier oder ihren Wohnort verloren haben und sie entweder an ihrer Trauerarbeit gehindert worden sind (oft durch wohlmeinende Ablenkung von außen!) oder aber, wenn es wirklich keinen Ersatz für ihre Liebeswünsche und ihre Sehnsucht nach einer Bindungsperson gegeben hat. Trauern braucht Zeit und eine Umwelt, die traurige Gefühle aushält. Beide sind für heutige Kinder rar geworden!

Die **Kognitive Depressionstheorie** geht auf den amerikanischen Psychologen Aaron T. Beck (1979) zurück. Sie besagt, daß die depressiven Gefühle auf falsches Denken („kognitive Verzerrung„) zurückgehen, das unter Streßbelastung aktiviert wird. Negative Gedanken über die eigene Person („ich tauge nichts"), über die Umwelt („die Welt ist mir feindlich und enthält nichts Erfreuliches") und über die Zukunft („es kann nur noch schlimmer werden") steuern die gesamte Wahrnehmung und bestimmen das Verhalten. Diese Theorie hat auf die Kinderpsychotherapie einen fruchtbaren Einfluß ausgeübt. Sie empfiehlt mit Erfolg, depressive Kinder in ihrem negativen Denken zu stoppen und sie darauf hinzuweisen, wie oft sie die Welt, sich und die Zukunft „bewußt" schwarz malen, wie sie dazu tendieren, willkürlich Schlußfolgerungen zu ziehen, mal zu übertreiben, mal zu untertreiben und

Typische Denkfehler depressiver Kinder

Denkfehler-Typ	Charakteristische Merkmale	Beispiele
Willkürliche Schlußfolgerung	Bestimmte Schlüsse werden willkürlich und ohne Beweise gezogen.	*„Mein Vater hat mich gestern nicht angerufen, also liebt er mich nicht!"*
Selektive Verallgemeinerung	Ein Detail wird aus dem Zusammenhang gerissen, bedeutsamere Situationsmerkmale werden ignoriert.	*Ein Junge besucht seinen geschiedenen Vater am Wochenende. Als dieser freundlich Gäste begrüßt, ist der Sohn niedergeschlagen, und denkt, daß der Vater in Anwesenheit anderer glücklicher ist als in seiner Gegenwart.*
Übergeneralisierung	Eine allgemeine Schlußfolgerung entsteht auf der Basis eines isolierten Vorfalles und wird undifferenziert auf ähnliche oder unähnliche Situationen angewendet.	*Ein Mädchen wird für eine Theateraufführung in der Schule nicht ausgewählt; sie zieht die Schlußfolgerung, daß sie überhaupt eine miserable Schauspielerin sei.*
Maximierung	Kleinere Mängel werden extrem überwertet.	*„Im Kleid, das ich genäht habe, fehlt ein Knopf, deshalb ist es wertlos."*
Minimierung	Positive Leistungen werden extrem abgewertet.	*„Was macht es schon, wenn ich ins Fußballteam gewählt wurde. Das kann ja jeder."*
Personalisation	Äußere Ereignisse werden auf sich selbst bezogen, obwohl es für diesen Zusammenhang keine Grundlage gibt.	*„Meine Eltern haben sich wegen meines schlimmen Verhaltens scheiden lassen."*
Verabsolutierendes, dichotomes Denken	Alle Erfahrungen werden zwei sich gegenseitig ausschließenden Kategorien zugeordnet.	*„Alles ist perfekt"* – *„Alles ist furchtbar."*

zu übergeneralisieren, vor allem aber sich in Schwarz-Weiß-Malerei zu ergehen und alles auf sich zu beziehen. Der Therapeut versucht, ihnen direkt Angebote zu machen, positive, realistischere und differenzierendere Gedanken zuzulassen. Er empfiehlt nicht, Schwierigkeiten zu verleugnen oder die Sonne am wolkenverhangenen Himmel zu sehen. Es geht immer um eine realistischere Sehweise oder zumindest um die Erkenntnis, daß ein zur Hälfte gefülltes Glas Wasser als halb-leer, aber auch als halb-voll betrachtet werden kann.

Die Bedeutung der **Lerntheorie** (Lewinson, 1976) liegt mehr im psychotherapeutischen als im Bereich der Erklärung der Depressionentstehung. Sie erklärt depressives Verhalten als Folge der Unfähigkeit eines Menschen, positive Verstärkung seines Verhaltens durch die Umwelt herbeizuführen. Nach dieser Theorie ist der wichtigste Gesichtspunkt, der Depressionen bei Kindern erklärt, ihr Mangel an sozialer Kompetenz und Kommunikationsfähigkeit. Ein Kind, das sich ständig an einer Lernaufgabe abmüht, ohne Erfolg zu haben und ohne andere um Hilfe zu bitten, wird schließlich depressiv reagieren. Die Theorie greift sicher etwas zu kurz, denn sie kann nicht erklären, warum ein Kind überhaupt lernen möchte und warum es seine Lernziele nicht seinen Möglichkeiten anpaßt. Auch wird der gesamte Bereich der zwischenmenschlichen Beziehungen, die sich um das Lernen und das Scheitern herum gebildet haben, in der Theorie nicht berücksichtigt.

Die Umsetzung der Lerntheorie in der Psychotherapie hat jedoch große Fortschritte in der Depressionsbehandlung von Kindern (und Erwachsenen natürlich auch) herbeigeführt. Verhaltenstherapeuten legen Wert darauf, daß depressive Kinder aktiver werden und lernen, Kontakte zu knüpfen. Kinder genießen den großen Vorteil, rasch lernen und auch rasch umlernen zu können. Daher nehmen sie gerne Angebote an, die mit Belohnungen verbunden sind. Umgekehrt können sie sich auch rascher als Erwachsene auf eine Situation einstellen, in der sie für ihren Rückzug, ihre depressiven Zerstörungsbedürfnisse und ihr Klagen jetzt keine Beachtung mehr bekommen. Gerade in dem abgeschlossenen Raum der Familie verfestigen sich depressive Verhaltensweisen sehr leicht, weil hier Lernprozesse immer wieder gleich ablaufen und keine Variation von außen erfahren.

Ein späteres Konzept der Lerntheorie hat sich für wissenschaftliche wie für psychotherapeutische Zwecke als sehr fruchtbar erwiesen, das Modell von Seligman (1975), Depression als Audruck „erlernter Hilflosigkeit" aufzufassen. Dazu ein Beispiel aus unserer Ambulanz:

Angela *war solch ein Mädchen, das Hilflosigkeit erlernt hatte. Sie war mit drei Jahren in einen Kindergarten gekommen, in dem sie sich fortan immer unwohl fühlte. Die alleinerziehende Mutter machte viele Anstrengungen, die Gründe herauszufinden. Sie mußte Angela wieder und wieder in diese Situation bringen, sah sie doch sonst keine Möglichkeit, ihren Arbeitsplatz aufrechtzuerhalten. Angela wurde immer schwieriger, und eines Tages schüttete sie eine Tasse Kakao in die offenstehende Schublade des Schreibtischs der Kindergartenleiterin. Sogleich wurde Angelas Mutter herbeizitiert, und es wurde ihr dringend nahegelegt, sich mehr um Angela zu kümmern („Ihr Kind sollte Ihnen wichtiger sein als Ihr Beruf!"). Die Kindergärtnerin machte aus ihrer ablehnenden Haltung gegen die Berufstätigkeit von Müttern keinen Hehl und hatte auch Angela gegenüber schon mehrfach das Thema erwähnt. Zum Glück erfuhr die Mutter von einer privaten Kindergarteninitiative einer Gruppe von alleinerziehenden Müttern in ihrer Nachbarschaft. Angela kam also in diesen neuen Kindergarten, die Mutter war erleichtert. Aber Angela war von Anfang an wieder die „Schwierige" in der Gruppe. Als sie schließlich mit Streichhölzern die Tischdecke im Spielzimmer anzündete, da war sie „reif für den Psychiater" – wie die Erzieherin das nannte. Was war geschehen? Warum wiederholte sich ihr Schicksal, ausgestoßen zu werden? Unsere Gespräche mit Angela, ihrer Mutter und den Kindergärtnerinnen ergaben folgende Zusammenhänge: Angela war bis zum Alter von drei Jahren ein fröhliches, unkompliziertes Mädchen gewesen. In ihrem ersten Kindergarten war sie von Anfang an mit einer Kindergärtnerin konfrontiert, die ihr immer wieder deutlich machte, daß sie die einzige in der Gruppe war, deren Mutter* *arbeitete. Das bekam Angela auch vor den anderen Kindern zu hören, was Wunder, daß die nicht mit ihr spielen mochten. Angela wurde also aus der Gruppe ausgestoßen und mußte sich doch jeden Tag aufs neue dieser demütigenden Situation stellen. Sie war hilflos. Als sie in den neuen Kindergarten überwechselte, zeigte sich, daß sie die Haltung der Hilflosigkeit „erlernt" hatte. Und da halfen alles Verständnis der neuen Erzieherin und alle Freundlichkeit der neuen Gruppe nichts. Sie konnte die neue Chance nicht nutzen. Angela tat etwas, was viele Kinder tun, wenn sie nicht verstanden werden, sie störte, sie goß erst einmal den Kakaobecher in eine Büroschublade, und als auch das nichts half, da mußte eben die Tischdecke brennen. Es sind die „Verhaltensstörungen", auf die depressive Kinder in ihrer Not verfallen, wenn sie ihre Hilflosigkeit nicht mehr aushalten können. Angelas Entwicklung verlief übrigens nach einer sechsmonatigen Psychotherapie so gut, als hätte es diese Episode gar nicht gegeben.*

Die enorme Stabilität, mit der sich depressive Denk- und Verhaltensmuster gegen alle neuen Erfahrungen durchhalten, wird in zwei lerntheoretischen Konzepten berücksichtigt, die die Theorie der „erlernten Hilflosigkeit" erweitert haben.

Das eine ist das Konzept des **Attributionsstils**. Negative Erlebnisse erklärt sich ein depressives Kind anders als ein fröhliches Kind. Kommt es zum Beispiel nicht mehr in eine Spielgruppe hinein, nachdem es an einem Vormittag etwas zu spät gekommen ist, sagt es sich: „Die mögen mich nicht, daher …!" oder „… weil ich immer alles kaputt mache." Damit verknüpft es eine Ablehnung mit einer Eigenschaft, an der es selber nichts zu ändern vermag. Es „denkt" sich also hilflos und reagiert depressiv. Im Rahmen einer Kinderpsychotherapie kann ein solches Kind zum Beispiel entdecken, daß es ja auch noch andere Erklärungsmöglichkeiten gibt, wie zum Beispiel „… weil ich heute zu spät gekommen bin!" oder „… weil es für alle in der Spielecke sonst zu eng geworden wäre".

Das zweite Konzept betrifft den **„locus of control"**, das heißt die Vorstellung, wo der Ort wohl zu suchen ist, von dem aus das eigene Handeln gesteuert wird. Ein depressives Kind hat das Gefühl, selbst nicht viel ausrichten und nur warten zu können, bis jemand etwas mit ihm unternimmt. Nicht-depressive Kinder dagegen bestehen darauf, alles „selber", d.h. von innen heraus gesteuert, in die Hand zu nehmen. Ein depressives Kind nimmt bei erfreulichen Ereignissen an, dies sei eben Zufall, Glück oder das Werk anderer gewesen. Passiert etwas Unerfreuliches, so sei es natürlich wieder einmal selbst schuld daran gewesen.

Die Psychotherapie versucht nun, diese falschen Denkmuster zu ändern, und sie hat bei vielen Kindern damit auch Erfolg.

Im Bereich der Erwachsenen spielt eine weitere Theorie noch eine große Rolle, die für Kinder keine große praktische Relevanz besitzt, die Theorie der für Depressionen anfälligen „**Persönlichkeit**" (Typus melancholicus nach Tellenbach, 1983). Kinder formen erst ihre Persönlichkeit, und es ist sehr fraglich, ob es bereits vor dem Ende der Adoleszenz so etwas stabiles an Neigungen, Wünschen und Reaktionsweisen gibt, wie es der Begriff der Persönlichkeit (oder im dynamischen Verständnis der Psychoanalyse des „Charakters") voraussetzt. Interessant für diejenigen, die sich hauptsächlich für Kinderdepressionen interessieren, ist aber die Beobachtung, daß Menschen, die im späteren Leben depressionsgefährdet sind, sich bereits als Kinder dadurch ausgezeichnet haben, daß sie gehemmt, etwas zwanghaft, verschlossen, unselbständig und übermäßig an Normen orientiert waren. Diese Theorie verführt zu der Vorstellung, man könne vielleicht Depressionen bei Erwachsenen verhindern, wenn man Kinder mit solchen Eigenschaften (die insgesamt noch nicht das Bild einer Depression abgeben!) früh korrigierte – zum Beispiel durch pädagogische Beeinflussung. Der Optimismus, der dieser Vorstellung innewohnt, erhält allerdings einen gewichtigen Dämpfer, wenn man die Befunde der neueren genetischen Forschung berücksichtigt, die zeigen, daß viele, wenn nicht gar alle, dieser kindlichen Wesenszüge ungeheuer stabil über die gesamte Entwicklung und überaus therapieresistent sind. Das spricht dafür, daß sie vermutlich tief im Erbgut verankert sind.

Soziologische Theorien zur Depression beleuchten einen Aspekt, der vor allem für den Kindergarten und die Schule zu interessanten Einsichten führen kann. Menschen, die in ihrer Mimik und Gestik andeuten, daß sie traurig sind, signalisieren der Gemeinschaft, sie bräuchten Schutz, Hilfe und Nachsicht. Dabei ist die Unterscheidung zwischen „echtem„ und „falschem„ Weinen für die Umwelt oft gar nicht leicht zu treffen. Lachen und Lächeln lassen sich viel eher auf ihre Echtheit hin überprüfen. Der traurige Affekt bewirkt bei dem traurigen Menschen selber, daß er sich von der Außenwelt abwendet und sich damit vor weiteren Belastungen schützt. Das gemeinsame Trauern zum Beispiel um einen verlorenen Menschen führt dazu, daß Menschen sich ihrer Zugehörigkeit zu einer Gruppe wieder bewußt werden. All das sind Gesichtspunkte, die die adaptive (auf soziale Anpassung ausgerichtete) Funktion des traurigen Affekts betonen.

Hält dieser Affekt zu lange an – und das trifft für jede Depression zu –, so löst er Ablehnung aus. Die Gruppe fühlt sich von der schlechten Stimmung angesteckt und wehrt sich gegen den, der den „Virus„ eingeschleppt hat. Das gilt besonders dann, wenn der Depressive – und auch das ist typisch für ihn – sich nicht helfen lassen will (kann) und wenn er anderen sein Interesse entzieht. Depressive Kinder wirken feindselig und büßen gerade die Fähigkeiten ein, die sie brauchen, um in der Kindergruppe aufgenommen und gehalten zu werden: Sie sind leicht abgelenkt, vergessen Regeln, sind schnell gekränkt und können keine eigenen Ideen einbringen. Ihre Schulleistungen sinken ab. Sie provozieren ihre Erzieher und Lehrer dadurch, daß sie scheinbar „gar nicht richtig zuhören„, womit die Erzieher eine völlig zutreffende Beobachtung machen, denn depressive Kinder flüchten sich in Tagträume. Schließlich werden sie übersehen. Suchen sie dann Aufmerksamkeit durch Stören der anderen zu gewinnen, Aufmerksamkeit, auf die sie angewiesen sind, wollen sie sich nicht noch elender fühlen, dann kippt die Einstellung der Erwachsenen in feindliche Ablehnung. Bei Kindern sieht man noch eine Tendenz, depressive Gefühle zu bewältigen, die viele Lehrer oft verwirrt. Kaum sehen sie ein Kind, das in der Stunde noch müde auf seinem Pult herumgelungert hat, in der Pause übermütig mit anderen spielen und raufen, so entsteht bei ihnen der Eindruck: „Na, so schlecht scheint's ihm ja doch nicht zu geh'n!„ Die körperliche Anstrengung führt tatsächlich zu einer Verbesserung der Stimmungslage, die aber in der darauf folgenden Stunde nur kurz anhält. Daher die Verwirrung des Lehrers, der ein depressives Kind über mehrere Stunden an einem Vormittag beobachten kann. Diese Beobachtung läßt sich andererseits in jedem Kindergarten und in jeder Schulklasse dafür nützen, daß man einem depressiven Kind die Chance gibt, wieder in die Gruppe reinzufinden – durch körperliche Anstrengung, also ausgelassenes Spielen und Sport.

Die soziologischen Theorien über die Anpassungsvorteile und -nachteile der Depression lassen sich auf den Nenner bringen: Über kurze Zeit führt der traurig-depressive Affekt zu einer Verbesserung der sozialen Zuwendung. Dauert er zu lange an, so provoziert er Ablehnung.

Diese Depressionstheorien entstammen überwiegend der Erfahrung, die Wissenschaftler, Ärzte und Psychologen im Umgang mit Erwachsenen gemacht haben. Überträgt man sie auf Kinder, so werden sie nicht wertlos, ganz im Gegenteil. Aber sie bedürfen einiger ganz wichtiger Ergänzungen, die typische Merkmale des Kindseins berücksichtigen, in denen sie sich von Erwachsenen unterscheiden. Für das Verständnis von depressivem Verhalten sind das die beiden Tatsachen, daß Kinder in großer Abhängigkeit von ihrer Umwelt aufwachsen und noch nicht „autonom„ sind und daß sie durch äußere Belastungen ungleich verletzbarer sind als ausgewachsene Menschen. Das erste Merkmal wird in der „Bindungstheorie" erfaßt, das zweite in der „Streßtheorie".

Psychologisches Depressionsmodell
(modifiziert nach Hüther, 1998)

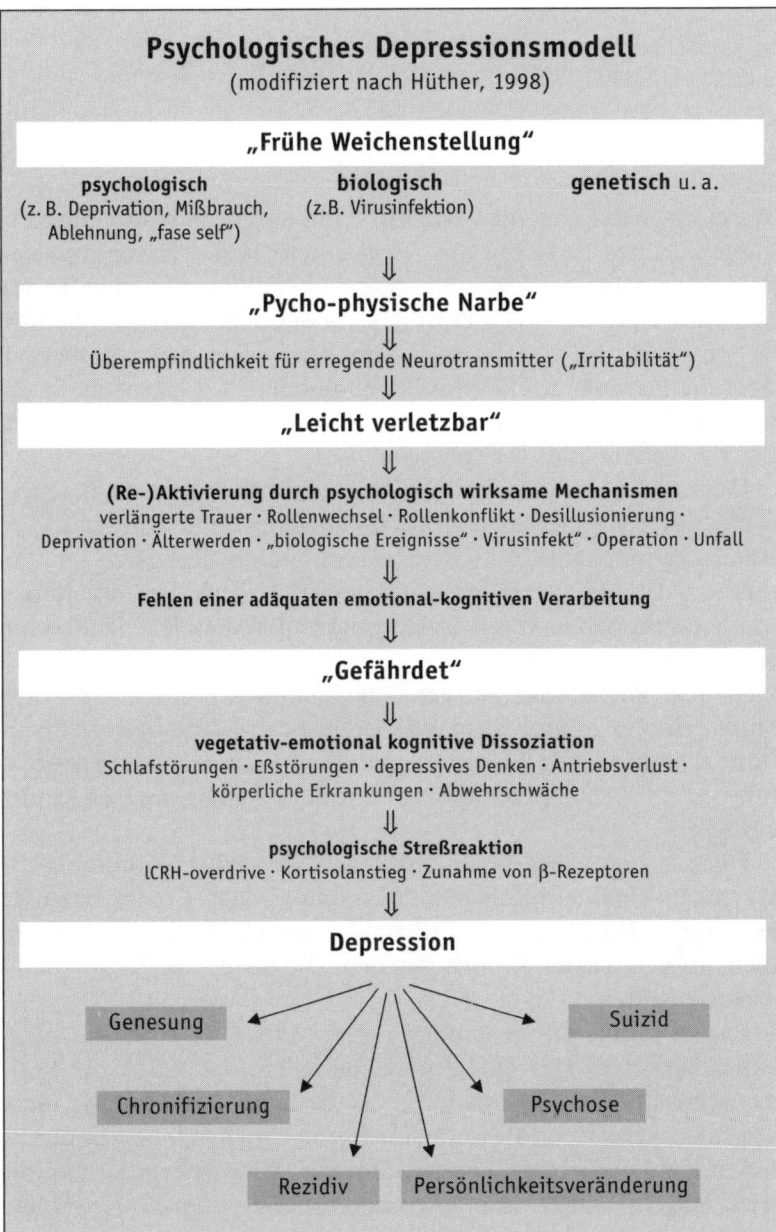

„Frühe Weichenstellung"

psychologisch
(z. B. Deprivation, Mißbrauch,
Ablehnung, „fase self")

biologisch
(z. B. Virusinfektion)

genetisch u. a.

⇓

„Pycho-physische Narbe"

⇓

Überempfindlichkeit für erregende Neurotransmitter („Irritabilität")

⇓

„Leicht verletzbar"

⇓

(Re-)Aktivierung durch psychologisch wirksame Mechanismen
verlängerte Trauer · Rollenwechsel · Rollenkonflikt · Desillusionierung ·
Deprivation · Älterwerden · „biologische Ereignisse" · Virusinfekt" · Operation · Unfall

⇓

Fehlen einer adäquaten emotional-kognitiven Verarbeitung

⇓

„Gefährdet"

⇓

vegetativ-emotional kognitive Dissoziation
Schlafstörungen · Eßstörungen · depressives Denken · Antriebsverlust ·
körperliche Erkrankungen · Abwehrschwäche

⇓

psychologische Streßreaktion
lCRH-overdrive · Kortisolanstieg · Zunahme von β-Rezeptoren

⇓

Depression

Genesung

Suizid

Chronifizierung

Psychose

Rezidiv

Persönlichkeitsveränderung

11. Kapitel
Geglückte oder mißlungene Bindung

Wenn ein Kind zur Welt kommt, dann sorgt die Natur über ein ausgeklügeltes System von Hormonen und Nervenimpulsen dafür, daß seine Nabelschnur sofort ihre Funktion verliert, es seinen ganz eigenständigen Blutkreislauf entfaltet und seine Lungen sich mit Luft füllen. Damit ist das Kind nicht mehr körperlich über die Plazenta an die Mutter gebunden, es ist eigenständig geworden. Von jetzt an ist es, um körperlich zu überleben, vollständig auf die Außenwelt angewiesen.

Doch für diese Situation hat die Natur ein Programm bereitgestellt, das das Überleben des Kindes auch unter widrigen Umständen ermöglicht. Mütterliche Hormone gewährleisten die Produktion der Milch mit ihren wertvollen Nährstoffen, Vitaminen und Abwehrstoffen gegen Infektionskrankheiten. Das Kind kann sich auf ein angeborenes Programm mit Such- und Saugreflexen verlassen. Wenn alles gut geht, dann entwickelt sich über dem Stillen eine enge und für beide Seiten hoch befriedigende Beziehung. Die nährende Mutter wird im Laufe der weiteren Entwicklung zu der Person, der fortan die größte Zuneigung des Kindes zufließt ...

Diese liebenswerte Vorstellung, daß die seelische Bindung die Fortsetzung der körperlichen Versorgung eines Kindes darstellt, wäre nie in Frage gestellt worden, hätten nicht Ärzte und Hebammen immer wieder Kinder gesehen, die so gar nicht zu dieser Theorie paßten.

Immer schon gab es Kinder, deren Mütter sie entweder nicht stillen konnten oder eine Amme bestellten, da ihnen die Rolle der stillenden Mutter mit ihrer gesellschaftlichen Stellung nicht vereinbar schien, und die dennoch eine intensive Beziehung zu ihrem Kind entwickeln konnten. Immer schon gab es Mütter, die trotz langem Nähren nie ein untergründiges Gefühl der Ablehnung gegenüber ihrem Kind überwinden konnten und die später feststellen mußten, daß auch ihr Kind niemals eine nahe Beziehung zu ihnen entwickelt hatte. Immer schon gab es Kulturen und Epochen in unserer Geschichte, in denen alles, was Kinder brauchen, mißachtet wurde, zumeist deswegen, weil die Säuglingssterblichkeit so hoch war, daß es sich nicht zu lohnen schien, jedem Neugeborenen so viel Aufmerksamkeit zu schenken.

Unter „Bindung" können wir uns so etwas vorstellen wie eine Begabung. Sie ist (wie das Talent) angeboren, aber wie sie sich im späteren Leben (als Fähigkeit) zeigen wird, das hängt ganz wesentlich davon ab, wann ein Kind mit wem welche Erfahrungen macht. Und genauso wie es Herausforderungen braucht, damit eine Begabung überhaupt sichtbar wird, bedarf es bestimmter Lebenssituationen, damit deutlich wird, welche Bindungserfahrung ein Mensch seit seinen ersten Lebensjahren mit sich herumträgt.

Das „Bindungssystem" wird ganz überwiegend im ersten Lebensjahr geformt. Es meldet sich von da an über Gedanken, Gefühle und Verhalten immer dann, wenn ein Mensch sich in einer Gefahrensituation wähnt, ganz gleich, ob sie von innen (Schmerzen, Krankheit, Tod) oder von außen (Gewalt, Isolation, Naturkatastrophen) kommt, und Zuflucht sucht zu der Person, die ihm entsprechend seiner Säuglingserfahrung am ehesten Schutz und Geborgenheit bieten kann.

Angst und Schmerzen verstärken jedes Bindungsverhalten. Und so gibt es Menschen (z. B. solche, die sehr schlechte Erfahrung mit Ihren Eltern als Säuglinge und Kleinkinder gemacht haben, also im Extremfall von den eigenen Eltern mißhandelte Kinder), die klammern sich immer wieder an ihre Mutter oder ihren Vater, auch wenn von ihnen nur weitere Bedrohung und neuer Schmerz zu erwarten ist.

Selbst eine lange Psychotherapie kann an dieser Tendenz nichts ändern. Das einzige, was sie bewirken kann, ist die Stärkung der Kräfte der Vernunft, gefährliche Situationen früh zu erkennen und ein über neue Erfahrungen gestütztes emotionales Wissen zu erlangen, von welchen Menschen gegenwärtig und in der Zukunft Schutz und Geborgenheit zu erwarten sind. Das setzt einen schmerzlichen Lernprozeß voraus, zu dem viel Mut und Bereitschaft gehört, Trauer um den Verlust des Gewohnten auf sich zu nehmen. Ohne psychotherapeutischen Beistand gelingt das selten (aber einige schaffen's wirklich!), jedoch ohne neue gute Erfahrungen gelingt es nie!

Die Bindungsentwicklung führt bei jedem Säugling ein Bindungsmuster herbei. Diejenigen, die nicht das Glück hatten, eine „sichere Bindung" zu entwickeln, haben bis dahin Ersatzsysteme entwickelt, die genauso „instinktiv" in Gefahrensituationen aktiviert werden, die aber niemals eine vergleichbare Sicherheit und Geborgenheit gewährleisten können. Ob jedoch seelische und körperliche Gesundheit aus dieser Bindungserfahrung resultieren, das hängt auch noch von anderen Faktoren ab: von den übrigen genetischen Voraussetzungen, die ein Kind mit auf die Welt bringt und von den Unbilden und den Chancen, die das Leben mit sich bringt.

Durch eine sichere Bindung ist ein Kind nur zum Teil gegen eine Depression geschützt. Und eine unsichere Bindung muß nicht das Schicksal einer depressiven Entwicklung nach sich ziehen.

Warum also ist es dann überhaupt wichtig, das Bindungsmuster eines depressiven Kindes oder Erwachsenen zu kennen? Die Antwort lautet: Das Bindungsmuster, mit dem ein Kind in sein zweites und drittes Lebensjahr eintritt, entscheidet darüber, welche Konstellation eher als eine andere eine Depression bei ihm auslösen kann und vor allem, welche individuell spezifischen Weichenstellungen es braucht, um seine Depression zu bewältigen.

Bereits während der Schwangerschaft entsteht zwischen **Mutter und Kind** eine Form der seelischen Beziehung, die beide befähigt, unmittelbar nach der Geburt aufeinander zuzugehen. Diese natürlichen Anlagen wirken derart stark, daß selbst Mütter, die zu Beginn der Schwangerschaft noch ablehnend oder ambivalent ihrem erwarteten Kind gegenübergestanden haben – und das trifft auf sehr viele Mütter zu – gegen Ende der Schwangerschaft hin ihr Kind mit Freude erwarten.

In den letzten Monaten vor der Geburt entfaltet jede Mutter eine innere Bindungsbereitschaft, die ganz stark von den Erfahrungen der eigenen Bindung an ihre Mutter geprägt ist. Sie trägt sozusagen ein inneres Modell („Arbeitsmodell") in sich, das nicht nur ihre Erwartungen bestimmt, sondern tatsächlich später auch ihr Verhalten gegenüber ihrem Kind beeinflussen wird. Auf diese Weise werden Bindungserfahrungen von Generation zu Generation weitergeben.

Das gilt natürlich auch für schlechte Bindungserfahrungen. Doch zum Glück gibt es heute Methoden, durch Psychotherapie in der Schwangerschaft und in den ersten Monaten des Mutterseins solche inneren Arbeitsmodelle zu korrigieren, indem die Mutter sie sich bewußt macht. Das kann mitunter ein sehr schmerzhafter, wird aber sicher ein heilsamer Prozeß sein.

Die Entwicklung einer Bindung zwischen **Vater und Kind** verläuft theoretisch nach den gleichen Gesetzmäßigkeiten wie die zwischen Mutter und Kind. Es liegt alleine an der kulturellen Prägung der Vaterrolle, daß wir sie so selten zu sehen bekommen und daß sie tatsächlich in den allermeisten Lebensläufen eine weit untergeordnete Bedeutung besitzt. Mittlerweile vollzieht sich da und dort eine zaghafte Änderung im Selbstverständnis der Säuglingsväter. Es existieren bereits jetzt hinreichend gut belegte wissenschaftliche Hinweise, die zeigen, daß eine vollständige Bindungsentwicklung auch ohne die Mutter möglich ist, wenn ein Säugling gute Voraussetzungen im intensiven „feinfühligen" Austausch mit einem Vater, einem Geschwister, einer Großmutter oder einer Pflegemutter erlebt.

Die aktuelle psychologische Situation, in der interessierte und engagierte Väter eine Beziehung zu ihrem Kind entwickeln, läßt sich so beschreiben: Auch bei einem Vater sind Wünsche und Befürchtungen gegenüber dem erwarteten Kind nach seinen eigenen Bindungserfahrungen gestaltet. Als kleiner Junge hat er in der Regel eine stets anwesende Mutter und einen meist abwesenden Vater erlebt. Das traditionelle Erziehungsmilieu hat ihn gelehrt, daß Zärtlichkeit weiblich und Zurückhaltung von Gefühlen männlich ist. Das führt nun zu einer spezifischen Schwierigkeit, sich mit der Mutter seines Kindes über seine Erwartungen zu verständigen.

Viele Väter erleben daher in Erwartung des gemeinsamen Kindes eine zunehmende seelische und sexuelle Entfremdung von ihrer Partnerin. Falls darüber hinaus nun auch noch Emotionen wiederbelebt werden, die ehemals der eigenen Mutter gegolten haben, so kann das zu einer schweren Belastung für beide werden. In solch einer Situation kann ein werdender Vater von Glück sagen, wenn er einen Freund hat, mit dem er sich über seinen eigentümlichen Zustand verwirrender Gefühle austauschen kann. Aus Studien über Vater-Kind-Beziehungen ist bekannt, daß Vätern solche Probleme erspart bleiben, die selber eine Vaterbeziehung erlebt haben, in der Zärtlichkeit nicht tabu war.

Viel weniger bekannt ist, daß es Väter gibt, die selber „schwanger" werden, das heißt, die sich so stark mit der Mutter ihres Kindes identifizieren, daß sie entweder schwangerschaftsähnliche körperliche Empfindungen entwickeln (bei einigen Kulturen ist die „Couvade" bekannt, das Männerkindbett) oder aber zur Abwehr dieser Bedrohung ihrer Männlichkeit einen „Macho-Komplex" entwickeln und sexuell mit anderen Frauen aktiv werden. Daher wird bereits in den Monaten der Schwangerschaft bei vielen Vätern die Weiche gestellt für eine Entwicklung, die erst offenkundig wird, wenn das Kind geboren ist: das Gefühl, ausgeschlossen zu sein, die Geliebte an das Kind und das Kind an die Partnerin verloren zu haben. Auch die kulturell inzwischen akzeptierte Anwesenheit des Vaters bei der Geburt ändert an diesen Gefühlen nicht mehr viel. So wird von einer Vatergeneration zur nächsten das Zärtlichkeitsdefizit weitergegeben und damit die von vielen Vätern als schmerzlich erlebte Entfremdung von ihren Kindern, darüber hinaus die Gefahr, die Liebesbeziehung zu ihrer Partnerin zu gefährden schon viele Jahre, bevor der Kindererziehungsalltag seine enterotisierende Wirkung entfaltet hat.

Gleich nach der Geburt sucht ein Säugling die Brust und die Körperwärme der Mutter und kann schon mit zwei Wochen klar zwischen dem Gesicht der Mutter und anderen Gesichtern unterscheiden. Dieses Gefühl, von ihrem Kind „erwählt" zu werden, ruft zusammen mit einer gleichsinnig wirkenden Hormonwirkung ein tiefes Glücksgefühl bei der Mutter hervor. Damit ist zwischen beiden die Basis für eine gute Bindungsbereitschaft gelegt.

Den Säugling hat die Natur mit angeborenen Programmen ausgestattet, damit er wenigstens von sich aus der Umwelt gleich die richtigen Signale geben kann, um seine Bedürfnisse anzuzeigen und überleben zu können. Suchbewegungen mit seinem Kopf und seinem Mund führen zur Brust der Mutter und bedeuten Trinken-Wollen, auf plötzliche Kälte und Überwärmung reagiert er mit lautem Schreien, und droht er nach hinten zu fallen, so sucht er sich mit seinem Klammerreflex (Greifreflex der Hände und Moro-Reaktion) festzuhalten. Sein Blick sucht im Abstand von 20 cm das Gesicht eines Gegenübers, und mit zwei Wochen bereits bevorzugt das der Mutter (bzw. der Hauptbezugsperson). Sein Hörvermögen ist zu Beginn hoch spezialisiert auf den Frequenzbereich zwischen 500 und 900 Hertz eingestellt, den Bereich der menschlichen Stimme! Mit seinen Bewegungen kann er sich auf den Rhythmus der mütterlichen Stimme einstellen. Sein Geruchssinn ist so genau ausgebildet, daß er den Hautgeruch der Mutter der einer anderen Betreuerin vorzieht und die Nahrung danach abschnüffelt, wo wohl am ehesten Zucker zu finden ist. Ähnliches gilt für den Geschmackssinn. Über seinen Berührungssinn unterscheidet er zwischen Sicherheit und Gefahr; befindet er sich gerade in einem ruhigen Zustand, dann wird er durch Berührung belebt, ist er unruhig oder schreit gar, so wirkt Berührung dämpfend.

Für alle diese „Überlebensprogramme" des Säuglings hält die Natur in der Umwelt der Erwachsenen erste „Antwortprogramme" bereit, die zum Glück so durchgreifend sind, daß sie nur im Falle einer recht schweren psychischen Störung außer Kraft gesetzt sind. Der große, runde Kopf, die kurzen Gliedmaßen, die zarte Haut, die kleinen Händchen, all das löst den intuitiven Wunsch aus, einem als hilflos erlebten kleinen Wesen Schutz zu geben („Pflegetrieb"). Eine Mutter „weiß intuitiv", daß sie ihrem Neugeborenen Nahrung geben muß, es vor Kälte und Hitze schützen muß, es nur langsam und nicht plötzlich ablegen darf und ihr Gesicht langsam bis auf eine Entfernung von 20 cm an sein Gesichtchen heranbringen muß, um Blickkontakt aufzunehmen.

Damit die Bindung aber tatsächlich ihren Anfang nehmen kann, bedarf es einer ausreichenden „**Feinfühligkeit**" der Mutter. Dieser Begriff ist für Zwecke wissenschaftlicher Untersuchungen ganz pragmatisch zu verstehen:

Eine feinfühlige Mutter kann Signale ihres Säuglings

- aufmerksam wahrnehmen,
- richtig interpretieren,
- auf sie angemessen reagieren
- und sie prompt beantworten.

Mit den angeborenen Programmen und den Kommunikationsbegabungen von Mutter und Kind ist aber lediglich eine Basis für Bindung vorgegeben. Die eigentliche Bindungsentwicklung geschieht erst im Verlaufe der nun folgenden fünf Jahre, besonders stark zwischen dem 6. und 12. Lebensmonat. Sie geschieht beim Menschen nicht nach den robusten Gesetzen der Prägung, wie etwa die Nachlaufprägung bei den Graugänsen, die Konrad Lorenz beschrieben hat. Die menschliche Bindungs-Beziehung („attachment") ist ein lebenslanger Prozeß, dessen Sensibilität im ersten Lebensjahr aber so extrem viel größer ist als in allen folgenden Jahren, daß das Ergebnis der ersten zwölf Monate Bindungserfahrung zeitlebens die Grundlagen für alle späteren Bindungsmöglichkeiten eines Menschen legt.

Wie entsteht nun das Muster dieser frühen Bindungserfahrung?
Immer dann, wenn ein Säugling Bedürfnisse verspürt und besonders dann, wenn es sich um lebenswichtige Bedürfnisse handelt, werden seine Erfahrungen bei der Befriedigung solcher Bedürfnisse gespeichert und wie „Bücher mit Gefühlslandkarten" tief im Innern des Gehirns (in der Amygdala, dem Mandelkern, und im limbischen System, dem Gefühlszentrum) aufbewahrt.

Es gibt Umstände im Leben, in denen werden wir plötzlich damit konfrontiert, daß wir uns offensichtlich doch von einer Buchsorte lange Zeit sehr viele Bände zugelegt haben und von anderen weniger, die es damals auch zu lesen gegeben hätte.

Es sind die immer wiederkehrenden, aber dennoch wichtigen Alltagserlebnisse im Leben eines Säuglings, die letztlich so etwas wie eine Farbpalette entstehen lassen, aus der die Grundfarben späterer Erinnerungen stammen. In den allermeisten Fällen birgt solch eine Farbpalette so viel an befriedigenden gemeinsamen Erlebnissen mit der Mutter, daß sie kräftig genug ist, den grauen Farben nachfolgender Beziehungsenttäuschungen immer wieder eine positive Grundstimmung und Zukunftserwartung entgegenzuhalten. So entsteht bei der überragenden Mehrheit der Kinder eine „sichere Bindung". Verläuft die Bindungs-Geschichte im ersten Lebensjahr weniger befriedigend, so entsteht eine „unsichere Bindung".

Am Ende des ersten Lebensjahres hat sich bei fast allen Kindern ein festes Bindungsmuster herausgebildet, das die gesamte Kindheit und Adoleszenz hindurch konstant bleibt. Ja, noch im hohen Erwachsenenalter sehen Menschen ihre Beziehungsfähigkeit entsprechend ihrer frühen Bindungsgeschichte – auch wenn sie vielleicht in Wirklichkeit durch Lebenserfahrung völlig neue Möglichkeiten erworben haben.

In den **ersten Monaten nach der Geburt** ist das Gelingen einer guten Bindung von der Mutter selber, aber auch von ihrem Kind abhängig. Auf seiten der Mutter ist es ihre „Feinfühligkeit" für die Signale des Kindes, beim Kind ist es seine **„Fähigkeit zur inneren Selbstregulation"**.

Für beide Faktoren spielen die körperliche Nähe und die Zeit, die beide miteinander verbringen, eine zentrale Rolle. Durch Weinen und Lächeln ruft der Säugling seine Mutter herbei, wenn er in seinem Inneren aus dem Lot gekommen ist. In dieser Zeit erwirbt der Säugling den entscheidenden Grundstock für seine lebenslange Fähigkeit, eigene Bedürfnisse erkennen zu können und darauf zu vertrauen, daß die Wogen zu starker Schmerzen oder zu starker Erregung sich wieder glätten werden. Lebensoptimismus und Lebenspessimismus haben also viel zu tun mit körperlicher Regulationserfahrung im ersten Lebensjahr.

Vom **sechsten Lebensmonat** an entsteht Bindung nach einem ähnlichen Gesetz des gegenseitigen Austauschs, nur daß ein Säugling jetzt, da er krabbeln und bald laufen kann, Nähe und Distanz zur Mutter selbst herstellen kann. Er ist nun nicht mehr damit zufrieden, möglichst nahe mit der Mutter zusammen zu sein, auch nicht damit, schon alles alleine machen zu können. Entscheidend ist vielmehr die Sicherheit, daß Nahesein und Abstandhalten beide abwechselnd möglich sind, ohne daß das Gefühl der Geborgenheit verlorengeht. Damit Geborgenheit entsteht, bedarf es also nicht nur der Nähe zur, sondern auch der Entfernung von der Mutter.

Im **zweiten und dritten Lebensjahr** entsteht eine gute Bindung über Ausprobieren und Bewältigen von Trennung. Darüber lernt ein Kind, in seinem Gedächtnis ein inneres Bild von der abwesenden Mutter zu verankern. Bei der Tennungserfahrung gibt es zwei ganz entscheidende Momente. Zum einen den Augenblick, in dem die Mutter ihr Kind in die Welt entläßt („Das wirst du schon schaffen!" oder: „Hoffentlich passiert nur nichts!") und zum andern den Moment, in dem beide nach der Trennung wieder aufeinandertreffen („Werde ich erwartet? War es schlimm, daß ich die Mutter verlassen habe?") Nach diesem Muster der frühen Trennungserfahrung gestalten sich zeitlebens enge Beziehungen zu anderen Menschen. Aber nicht nur zu anderen, auch zum eigenen Selbst: „Bin ich liebenswert? Bin ich wichtig? Werde ich schnell vergessen? Bin ich herzlos, wenn ich jemanden verlasse?"

Mit **Eintritt ins Kindergartenalter** bestimmt ein neues Muster über Gelingen und Mißlingen von Bindungserfahrungen. Vom dritten Lebensjahr an geht es darum, mit anderen Kindern auszukommen. Dazu muß es seine Bedürfnisse anmelden, d. h, sich verständlich machen können. Es muß aber auch eigene Impulse zurückstecken, sich Regeln unterwerfen lernen. Erwachsene sind da überwiegend Helfer („Mediatoren"), damit dies wichtige Lernspiel tatsächlich auch gespielt wird. Wie jedes Regelspiel braucht auch dieses viel Zeit, um Erfahrung zu ermöglichen. Es ist daher wichtig, daß es Krach, Versöhnung, Angriff, Unterwerfung, Wut und Wiedergutmachung gibt. Zu viel Harmonie in der Kindergartenzeit ist gar nicht erstrebenswert. Erste Freundschaften entstehen nur, wenn sie auch belastet werden.

Das Bindungsthema der **Grundschulzeit**, also des sechsten bis zehnten oder elften Lebensjahres, ist ganz verschieden von dem der Kleinkindzeit. In dieser Zeit geht es um die innere Beziehung zum eigenen Können. Dabei spielen nicht nur die Anerkennung des Könnens („Leistung") eine Rolle, sondern auch die innere Anstrengung, das Wagnis und die Konzentration auf ein Ziel. Die optimale Konstellation für den Erwerb eines sicheren Bindungsgefühls in diesem Alter ist die Verfolgung eines wirklich eigenen Bedürfnisses mit großem Einsatz an Kräften, gefolgt von der Anerkennung von außen. Fremdbestimmung, Unter- oder Überforderung und Mißachtung des Geleisteten durch die Umwelt sind die gefährlichsten Gifte einer sich entwickelnden Anstrengungsmotivation. (Die „Leistungsmotivation" ist eben nur ein Teil dieser Fähigkeit!)

In diesem Alter werden die entscheidenden Grundlagen gelegt für das Wissen um die eigenen Fähigkeiten. Konzentration, körperliche Stärke, Zuverlässigkeit, Wissensdurst, Leistungsbereitschaft, Akzeptieren der Realität ohne Unterdrückung von Phantasie, Ehrlichkeit, Konkurrierenkönnen, Gruppenanpassung, die Fähigkeit und das Bedürfnis, alleine zu sein, Aushalten von Niederlagen und Schuldgefühlen: Das alles sind nicht nur wichtige Eigenschaften. Sie müssen auch ins Selbstbild eines Kindes aufgenommen werden, damit es auf sie zurückgreifen kann. Und dafür bedarf es ständiger Rückmeldungen – im Wettstreit mit anderen und in der realistischen Anerkennung durch wichtige Bezugspersonen, zu denen in diesem Alter auch die Lehrer gehören.

In der Grundschulzeit werden tatsächlich das ABC und die Grundrechenarten der Techniken zur Bewältigung von Lebensaufgaben erworben. Die konventionelle Schule beachtet leider immer noch vorwiegend das, was zum Lesen, Schreiben und Rechnen führt. Und fatalerweise unterwerfen sich viele Eltern dieser einseitigen Schulideologie und achten höchst einseitig auf die Bewertung von Schulleistungen durch Zensuren. Dabei ist ein sozialer oder ein emotionaler Analphabetismus für das weitere Leben, ja, sogar schon für die nächsten Jahre der Schul- und Ausbildungszeit, viel verhängnisvoller als Unsicherheiten in Lesen, Schreiben oder Rechnen.

Aufgabe von Eltern in dieser Phase der Bindungsentwicklung ist es, nicht von sich aus ihr Kind zu stören, vielmehr einzuschreiten, wenn zu viel Störung von außen auf ein Kind einwirkt. Passiver Konsum und Vielfernsehen sind heute sicher die gefährlichsten Entwicklungsstörer der Grundschulzeit, nachdem Hunger, materielle Not, Seuchengefahr und Strafangst als die Hauptgespenster früherer Kindheiten mehr und mehr verschwunden sind – jedenfalls im wohlhabenden Teil der Weltbevölkerung.

Das Bindungsthema des **Jugendalters** hat große Ähnlichkeit mit dem der frühen Kindheit. Jugendliche müssen sich wieder mit ihrem Körper auskennen lernen, Rollen, auch Geschlechtsrollen, ausprobieren, Nähe und Distanz neu regeln lernen und vor allem Fähigkeiten entwickeln, um in der Gruppe der Gleichaltrigen („peergroup") akzeptiert zu werden. Gelingen und Mißlingen der „Entwicklungsaufgaben" dieser Zeit zwischen dem Eintritt in die Pubertät bis etwa zum neunzehnten Lebensjahr entscheiden über die Stabilität der persönlichen Identität.

In dieser Zeit ist es für Eltern schmerzhaft, aber für Jugendliche ein Zeichen seelischer Gesundheit, daß die Beziehung zu den eigenen Eltern auf Platz zwei hinter den der Freundschaftsbeziehungen zurückgeht. Es sind vor allem die Jugendlichen, deren Eltern ihre eigene Rückstufung in dieser schwierigen Zeit akzeptiert haben, die als junge Erwachsene gerne wieder auf ihre Eltern zugehen. Tragischerweise wird in so manchen Familien das Gelingen der guten Bindungsentwicklung in den Kindheitsjahren erst nach einer langen Zeit der Entfremdung im Erwachsenenalter wieder spürbar. Warum? Weil diese Eltern es nicht verstanden haben, daß zu einer guten Beziehung in der Adoleszentenelternzeit die Rücknahme ihrer eigenen Bindungswünsche gehört! Aber am weitaus häufigsten gehen schwere Belastungen der Beziehungen zwischen Jugendlichen und ihren Eltern in dieser Zeit darauf zurück, daß Bindungsprobleme aus der frühen Kindheit wieder lebendig werden.

Bindungsentwicklung passiert nicht ausschließlich, aber in erster Linie im ersten Lebensjahr. Sie unterliegt wie ein Turm dem Gesetz der Schwerkraft, die unerbittlich seine Stabilität danach prüft, wie zuverlässig die untersten Steine aufeinandergesetzt sind. Wenn die ersten Steine die falschen sind oder nicht aufeinander passen, dann ist der Turm immer vom Einsturz bedroht – und mag er auch noch so schön verfugte Partien auf seinen höheren Stockwerken haben. Korrigierende Lebenserfahrungen, Einsicht und Psychotherapie können umso weniger an der Einsturzgefahr ändern, je weiter unten die problematischen Steine liegen. Viele Türme mit anfänglicher Schiefneigung zur einen Seite gewinnen eine gewisse Stabilität durch kompensatorische Beugung zur anderen Seite. Die Schwerkraft akzeptiert das, aber es sind dann eben krumme Türme; und allzu hoch können sie auch nicht werden!

Was haben nun Bindung und Depression miteinander zu tun, vor allem welche Bedeutung hat dieser Zusammenhang für das Verständnis der Kinderdepression?
Depressionsgefährdung entspricht nicht – um in dem Bild des Turmes zu bleiben – dem Aussehen oder der Höhe eines Turmes, sondern seiner Labilität bzw. Stabilität, und mag er auch noch so krumm gewachsen sein. Ein gerader Turm entspricht dem Lebenslauf eines Menschen, der ein „sicheres Bindungsmuster" erworben hat. Ein Turm mit Schiefneigung oder mit einem kurvigen Aufbau steht für Bindungsmuster, die als „unsicher" gelten.

Im Alter von 12 Monaten kann man **drei Gruppen von Kindern nach ihrem Bindungsstatus** unterscheiden:

- „**sicher** gebundene (B-)Kinder"
- „unsicher-**vermeidend** gebundene (A-)Kinder
- „unsicher-**ambivalent** gebundene (C-)Kinder

Diese Unterteilung gilt mehr oder weniger in allen bislang untersuchten Kulturen. Typisch für sie ist, daß sie nur dann klar zu Tage treten, wenn ein Mensch in eine subjektive Notsituation gerät, in der er glaubt, seinen Halt zu verlieren. Was soll er jetzt tun? Was lehrt ihn seine Erfahrung, auf wen oder auf was wird Verlaß sein?

Ein körperlich Ertrinkender klammert sich an seinen Retter. Das entspricht einem instinktiven, reflexhaften Ablauf, der dem Klammerreflex des Neugeborenen entspricht. Ein seelisch vom Ertrinken bedrohter Mensch greift auf sein durch Erfahrung gelerntes Bindungsmuster zurück. Ist es ein Muster von „unsicherer Bindung", so läuft er Gefahr, sich und den Retter dabei mit in die Tiefe zu ziehen. Es liegt also nahe, sich mit Bindung zu beschäftigen, will man begreifen, warum dieselbe Belastung bei dem einen Menschen eine Depression, vielleicht sogar einen Selbstmordversuch aus lösen kann, während sie bei einem anderen Menschen lediglich eine Kurskorrektur bewirkt.

Um es gleich vorweg zu sagen: Eine „sichere Bindung" ist keine Garantie gegen eine depressive Erkrankung, genauso wenig, wie eine kindliche oder eine Erwachsenendepression nur auf dem Hintergrund einer „unsicheren Bindung" zustande kommt!

Die amerikanische Bindungsforscherin Mary Ainsworth hat 1969 eine **Testsituation** entworfen, nach der es möglich ist, den Bindungsstatus eines Kindes im Alter zwischen 12 und 18 Monaten innerhalb von einer knappen halben Stunde exakt zu bestimmen. Seitdem gilt diese Methode (genannt „strange situation", d.h. „Fremde Situation" oder „Testsituation auf Reaktionsbereitschaft bei unerwarteten Trennungsbelastungen") als die Standarduntersuchung, auf die alle Einordnungen in Bindungstypen zurückgehen. Inzwischen gibt es auch Testsituationen für ältere Kinder und sogar ein halbstrukturiertes Interview für Erwachsene („Adult-Attachment-Interview" von Mary Main, 1985).

Unter einer „**sicheren Bindung**" (B-Typus nach Mary Ainsworth) versteht man ein belastbares Vertrauensmuster, das auf eine feinfühlig, angemessen und prompt reagierende Mutter zurückgeht.

(Im folgenden spreche ich immer von „Mutter", auch wenn Väter, Geschwister, Erzieherinnen, Großeltern prinzipiell die gleichen Voraussetzungen mitbringen, zur wichtigsten Bezugsperson im ersten Lebensjahr eines Kindes zu werden!) Das Kind wird von Anfang an akzeptiert wie es ist, die Mutter sucht Hautkontakt und kann Bedürfnisse ihres Kindes an seinen Gefühlsäußerungen erkennen. Etwa 66 Prozent aller Säuglinge entwickeln dieses Bindungsmuster.

Es fällt Ihnen vielleicht auf, hier ist nicht die Rede davon, daß eine solche Mutter ihren Säugling nicht auch mal alleine läßt oder auf ihren Säugling immer mal wieder verärgert, übermüdet oder verwirrt reagiert. Für die Entstehung eines Bindungsmusters kommt es nicht auf kleine Ausnahmen an; auch sind die Zeiträume, die beide Seiten für die Herstellung einer sicheren Bindung brauchen, in Quantität und Qualität sehr verschieden. Kürzere befriedigende Zeiten des Zusammenseins sind bindungsfördernder als lange Zeiten von Ärger, Mißmut und innerer Abwesenheit. Entscheidend sind die mütterliche Fähigkeit und die Bereitschaft des Kindes, sich auf einen Geborgenheit gebenden Dialog einzulassen und ihn zu beherrschen, wenn Krisensituationen auftauchen.

Bei Trennungen zeigt ein sicher gebundenes Kind am Ende des ersten Lebensjahres, daß es die Mutter vermißt. Es braucht eine längere Aufwärmphase, bis es eine Ersatzperson akzeptiert, läßt sich dann aber auf sie ein und nimmt sein unterbrochenes Spiel wieder auf. Zwischendurch ruft es wieder nach der Mutter oder weint so heftig, daß es nicht mehr ins Spiel zurückfindet. Kommt die Mutter zurück, so freut es sich, streckt die Ärmchen aus und will durch Anschmiegen getröstet werden. Danach findet es wieder in sein Spiel zurück. Die Mutter wirkt dabei frei und nicht von Schuldgefühlen oder Verärgerung belastet.

Für das heranwachsende Kind ist das Verhalten der Mutter vorhersagbar. Umgekehrt kann auch die Umwelt bei solch einem Kind gut abschätzen, welche Trennungen ihm wohl schwer fallen werden und unter welchen Voraussetzungen es seinen Trennungsschmerz wird kaum bewältigen können. Ob sicher gebundene Kinder es als Erwachsene vorziehen, alleine zu leben (etwa, nachdem der liebste Partner verstorben ist) oder ob sie ihr Leben so einrichten, daß es für sie immer eine wichtigste Bezugsperson gibt, ist nicht vorhersagbar. Auf jeden Fall verfügen sie über die Fähigkeit, sowohl in einer engen Zweierbeziehung als auch alleine zu existieren mit dem sicheren Gefühl, gehalten und geborgen zu sein. Zugleich verfügen solche Menschen über die Begabung, auch bei ihren Mitmenschen zu erkennen, was in ihnen vorgeht, wenn die sich in einer Belastungssituation befinden. Sie können sich im Zusammensein mit einem anderen Menschen wohlfühlen und das Gefühl haben, einem geliebten Menschen nahe zu sein, auch wenn dieser auf längere Zeit weit entfernt ist.

Im Kindergarten- und Schulalter pflegen sie Freundschaften zu ihren „besten" Freunden und Freundinnen und halten sich von denen fern, die sie wahrscheinlich enttäuschen werden.

Sicher gebundene Menschen berichten im Rückblick auf ihr Leben recht offen und stellen die Erinnerungen nachvollziehbar dar. Sie beschreiben Menschen in ihren Eigenschaften vollständig, d.h. mit ihren Stärken und Schwächen. Dabei fällt auf, daß ihre Erinnerung von Wertschätzung geprägt ist, auch wenn von schlimmen Schicksalsschlägen oder Verletzungen durch andere Menschen die Rede ist. Im Unterschied zu unsicher gebundenen Menschen können sie kritische Distanz zu ihrer Erinnerung beziehen und gewohnte Beurteilungen noch einmal verändern.

Auch sicher gebundene Kinder können **depressiv reagieren**, wenngleich sie gegen diese seelische Störung durch ihre hohe Anpassungsfähigkeit recht gut geschützt sind. Ihre meist kurzen depressiven Reaktionen können ausgelöst werden durch den Verlust einer geliebten Person, wenn es ihnen nicht gelingt, durch Trauern innerlich Abschied zu nehmen. Zu Auslösern können auch schwere Enttäuschungen, Krankheiten und chronische Überforderungen werden. Typisch für sicher gebundene („autonome") Menschen ist, daß sie ihre Gefühle dabei wahrnehmen, sortieren und vor allen Dingen anderen mitteilen können. Daher bekommen sie rascher Hilfe von außen. Die Helfenden fühlen sich ihrerseits wohl dabei, wenn sie miterleben, wieviel Dankbarkeit ihnen hernach entgegengebracht wird.

Ganz anders ist die Bindungserfahrung eines Kindes verlaufen, das am Ende seines ersten Lebensjahres das Muster einer „**unsicher-vermeidenden Bindung**" (A-Typ nach Mary Ainsworth) entwickelt hat. Und das betrifft immerhin 20 Prozent aller Kinder. Es hat überwiegend eine Mutter erlebt, die ihr Kind innerlich abgelehnt hat und daher nicht einfühlsam auf seine Bedürfnisse hat eingehen können. Die Mutter fühlte sich stets gestört durch ihr Kind und hatte weder Zeit noch Interesse, mit ihm zu schmusen. Belastungssituationen führten nicht zur Annäherung, sondern zu Zurückweisungen. In der Familienatmosphäre lagen Spannungen in der Luft, die nicht ausgedrückt werden konnten. Viele dieser Familien leben isoliert von anderen und achten darauf, daß niemand aus der Gemeinschaft ausbricht. Typisch für das Verhalten eines solchen Kindes ist es, in der „Fremden Situation" so zu tun, als bedeute die Trennung nicht viel; auch läuft es nicht auf die Mutter zu, wenn sie wiederkehrt.

Dies Verhalten gegenüber der zurückkommenden Mutter sieht man auch bei sicher gebundenen Kindern, wenn die Trennung zu lange angehalten hat. Dann aber mühen sich beide Seiten um Wiedergutmachung, die häufig mit Anklagen, Wut, Zurückweisung auf seiten des Kindes und mit Enttäuschung bei der Mutter einhergehen können. Solche Szenen können sehr heftig sein und bei älteren Kindern über Stunden und Tage gehen, aber sie haben eine eindeutige Richtung, und die deutet auf Versöhnung hin.

Die Ruhe in der Trennungssituation ist nur eine äußere. Innerlich stehen diese Kinder in Trennungssituationen unter einer ungeheuren Anspannung („Streß"), die der Ausgangspunkt für spätere vielfältige psychosomatische Störungen werden kann. Bereits im Kindergarten- und Schulalter fallen sie als „schwierige" Kinder auf. Sie provozieren häufig verletzende und strafende Reaktionen, sie entwickeln unechte positive Gefühlsäußerungen, gelten als „falsch" und verstecken ihren Ärger, ihre Angst oder ihre Wünsche hinter geradezu zwanghaft gehorsamen Verhalten, um Strafen aus dem Wege zu gehen. Einige entwickeln bereits früh die Strategie, Schuldgefühle bei dem zu erzeugen, der sich zu wenig um sie kümmert oder sie gestraft hat.

Ihre **spezifische Depressionsgefährdung** wird dann sichtbar, wenn sie nicht umhin können, echte Gefühle zu zeigen. Denn mangels ausreichender Übung bringt sie das in eine Situation emotionaler Hilflosigkeit. Auslöser können deswegen auch freudige Ereignisse sein wie ein wunderbares Geschenk, eine gute Schulleistung oder das Gefühl, sich verliebt zu haben. Im weiteren Lebenslauf häufen sich bestimmte Störungen, denen jeweils starke emotionale Erschütterungen vorangegangen sind: psychosomatische Erkrankungen, promiskuitives Verhalten (häufiges Wechseln von Liebesbeziehungen und Sexualpartnern), Zwangsstörungen (Zwänge können Ängste in Schach halten!), ständiges Mißtrauen, Selbstmordversuche, sexuelle Ausbeutung von Kindern (Kinder ersparen ihnen starke erotische Gefühle) und Mißhandlung von schwächeren, spontanen Menschen (die sich nicht an die selbst auferlegte Kontrolle von Gefühlsäußerungen halten).

Ein Kind, das diesen „vermeidenden" Bindungsstatus entwickelt hat, lehnt Beziehungen als für sich zu anstrengend ab und idealisiert ferne Bezugspersonen, so lange es nicht nahe mit ihnen zusammen sein muß. Es lernt, sich mit Gefühlsäußerungen zurückzuhalten, denn die würden nur Ablehnung oder gar Strafe nach sich ziehen. Es weist Hilfsangebote zurück, stürzt sich in Aktivitäten, um sich seine Unabhängigkeit zu beweisen und achtet wenig auf seine Gefühle. Es tendiert dazu, sich seelisch zu übernehmen, da es vieles nur im Kopf ausprobiert und seine eigenen Belastungsgrenzen nicht aus Erfahrung kennt.

Hier liegt auch die Wurzel für die Gefahr einer Depression im Erwachsenenleben dieser Kinder, die es als „workaholics", also als Arbeitssüchtige, und als Menschen, die sich nicht zu gerne mit engen Beziehungen abgeben, auf der beruflichen Karriereleiter weit bringen können. In ihrer Rastlosigkeit (die immer dann stärker wird, wenn das Gefühl der Geborgenheit bedroht wird) verzetteln sie sich in ihren Zielen und beuten ihren Körper aus, bis sie erschöpft zusammenbrechen. Solche Menschen machen es ihrer Umwelt schwer, sich ihnen zu nähern. Wer sich dennoch nicht entmutigen läßt, der muß erst einmal mit feindlicher Ablehnung und Entwertung rechnen. Entsprechend ihrer Lebenserfahrung, in der sie ihre Grundannahme, bei Beziehungsdingen besser auf Abstand zu bleiben, immer wieder bestätigt sehen (dies entspricht einer „self fulfilling prophecy", einer Vorhersage, die sich bestätigt, nachdem man sie selbst herbeigeführt hat), haben sie ein problematisches Verhältnis zu ihrer Erinnerung. Sie berichten oft widersprüchlich, malen Schwarz-Weiß, haben entweder ideale oder verabscheuungswürdige Personen in Erinnerung und scheinen stark emotionsbelastete Erlebnisse gelöscht zu haben.

Läßt sich jemand mit dieser Bindungsstruktur auf eine Psychotherapie ein, so kommt es zur entscheidenden Krise, wenn er als Patient seinen Wunsch nach Geborgenheit aufkommen spürt und ihn auf seinen Psychotherapeuten richtet. Ein Therapeut, der dies Bindungsmuster bei seinem Patienten nicht frühzeitig erkannt hat, willigt allzu gerne darin ein, die Behandlung mit dem Patienten abzubrechen, da sie ja offensichtlich für beide Seiten nur noch unerfreulich ist! Übersteht eine psychotherapeutische Beziehung – oder aber eine Liebesbeziehung – diese Krise und können beide Seiten erkennen, was sich da abgespielt hat, dann besteht eine echte Chance zur Umorientierung. Allerdings ist damit das frühkindliche Bindungsmuster nicht „gelöscht". Es ist nur etwas passiert wie bei einem Menschen, der unter Heuschnupfen leidet und der nun weiß, daß er im Frühsommer die blühenden Wiesen meiden muß. Aber das kann für seine Chance auf ein gesünderes Leben schon sehr viel bedeuten ...!

Ein wieder anderes Schicksal haben Kinder hinter sich, die ein **„unsicher-ambivalentes Bindungsmuster"** (C-Typ nach Mary Ainsworth) entwickelt haben. Ihre Zahl wird auf etwa 12 Prozent eines Jahrgangs geschätzt. Die Mütter solcher Kinder hatten oft große Mühen, ihrem Kind seinen Entfaltungsspielraum zu lassen. Mutter und Kind sind miteinander verstrickt. Sie reagieren übermäßig stark aufeinander und kommen nicht voneinander los. Häufig finden sich Kinder in dieser Gruppe, die im ersten Lebensjahr gefährlich erkrankt waren.

Viele depressive und ängstliche Mütter, die sich an ihr Kind klammern und alle seine Versuche zur Verselbständigung mit großen Ängsten – nicht zuletzt der Angst vor dem eigenen Alleinesein – und Befürchtungen begleiten, führen diese Bindungsmuster herbei und „vererben" damit eine Disposition zur Unfreiheit, unter der sie selber bereits in Abhängigkeit von einer überängstlichen Mutter gelitten haben.

Viele Alleinerziehende wissen um diese Gefahr und führen frühzeitig eine dritte Person ein, die Mutter (oder Vater) und Kind entlastet. Ich habe eine Reihe von alleinerziehenden Müttern kennengelernt, die mit ihrem Kind tatsächlich ganz alleine zusammengelebt haben, bis es das Haus verließ, ohne daß es dieses (sehr anstrengende!) Bindungsmuster entwickeln mußte. Ich hatte oft den Eindruck, hier Einblick in eine Mutter-Kind-Beziehung bekommen zu haben, die viel mit einer Freundschaftsbeziehung zwischen zwei Menschen zu tun hatte, die gut voneinander wußten, wieviel Respekt der andere verdiente und wieviel Raum er brauchte, um sich entfalten zu können – ein hoher Anspruch an eine Mutter und an ein noch nicht erwachsenenes Kind!

Charakteristisch für die Mütter „ambivalent" gebundener Kinder ist, daß sie in ihrem Verhalten dem Kind gegenüber unbeständig und „launisch" sind. Heftige Zerwürfnisse und tränenreiche Versöhnungen machen den für beide Seiten sehr anstrengenden Alltag aus. Die Kinder werden sehr früh als Partnerersatz gesehen oder geraten gar in die Rolle eines Vaters oder einer Mutter gegenüber ihrer eigenen Bezugsperson („Generationsumkehr"). Bereits in der zweiten Hälfte des ersten Lebensjahres zeigt ein solches Kind drei typische emotionale Muster, die es zu einem höchst anstrengenden Säugling werden lassen: Es verhält sich aggressiv gegen die Mutter, es hat sehr starke Angst, von ihr verlassen zu werden, und es wirbt ständig um Zuneigung. So unterschiedlich und unvorhersehbar die Gefühlsäußerungen des Säuglings, so inkonsistent sind auch die Reaktionen der Mutter. Beide leben in einer ständigen Anspannung miteinander. Bereits im Krabbelalter haben sie gelernt, ihre Mutter zu manipulieren. Wenn man Zeuge solcher Szenen wird, dann fällt es einem schwer zu entscheiden, ob das Kind mehr unter seiner Mutter oder die Mutter mehr unter ihrem Kind leidet.

Trennungssituationen verlaufen hoch dramatisch. Heftig wehren die Kinder sich dagegen, daß die Mutter sie verläßt, und wenn sie alleine oder mit einer Ersatzperson zusammen sind, dann sind sie von ihren Gefühlen derart überschwemmt, daß sie zwar zu einer Ersatzperson Kontakt aufnehmen können, aber dennoch kaum zu beruhigen sind. Kommt die Mutter zurück, so bricht alle ihre Verzweiflung laut weinend aus ihnen heraus, sie klammern sich an ihre Mutter, stoßen sie strampelnd wieder zurück, schlagen und provozieren die Mutter so sehr, daß sie schließlich geschlagen werden. Laut demonstrieren sie, welches Unrecht ihnen widerfahren ist und lassen sich nicht trösten. Die Trennungsszenen enden in einer Erschöpfungspause von Mutter und Kind, die jederzeit wieder zu einem neuen Akt des Beziehungsdramas eskalieren kann.

Die langfristige Gefahr eines solchen Bindungsmusters liegt in der Entwicklung von Störungen, die alle eines gemeinsam haben: Sie sind laut und dramatisch, und sie ermöglichen einen unvermittelten Übergang von der Opfer- in die Täterrolle und umgekehrt. Die Umwelt wird ständig verwirrt und reagiert darauf mit dem Etikett „hysterisch". Solche Kinder können nur schlecht zwischen wirklicher und vermeintlicher Bedrohung unterscheiden, sie inszenieren Rollen, mit denen sie Beachtung bekommen (Jungen provozieren aggressiv, Mädchen holen sich Zuwendung über ihre Opferrolle, aber auch die umgekehrten Rollen beherrschen beide Geschlechter), sie geraten in höchst dramatische Angstzustände, sie neigen zum Intrigieren und laufen Gefahr, als scheue Kinder sexuell oder als aggressive strafend mißhandelt zu werden.

Es gelingt ihnen nicht, sich zu trennen und selbständig zu werden, weil sie durch ihre ambivalenten Gefühle festgehalten werden. Während die „vermeidend" gebundene Kinder ihre wahren Gefühle verleugnen oder hinter einer Maske falscher Freundlichkeit verstecken, zeigen diese „ambivalent" gebundenen Kinder ihre Gefühle offen, können sie aber nicht sortieren und in einer positiven oder negativen Richtung durchhalten. Es liegt auf der Hand, daß ambivalent gebundene Kinder wie „hyperaktive" oder „sozial gestörte" erscheinen und daß es ihnen in der Schule schwer fallen muß, sich zu konzentrieren oder einen Aufgabe ausreichend lange zu verfolgen. Solche Jungen sind als Jugendliche gewaltbereit, drogengefährdet und riskieren ihre Gesundheit im Straßenverkehr. Die stilleren Verhaltensweisen, die auf ein Muster ambivalenter Bindung zurückgehen, finden sich häufiger bei Mädchen. Sie sind zänkisch, intrigant und rasch eifersüchtig, manche werden auch als „unreif" bezeichnet, ein Etikett, das sie auch noch im hohen Alter mit sich herumtragen.

Erwachsene mit diesem ambivalenten Bindungsstatus erzählen spontan und ausufernd von ihren Konflikten und springen in ihren Bewertungen ständig hin und her, ohne daß ihnen dieses Muster bewußt wird. Viele haben aber bereits derart viele Enttäuschungen, Beziehungsabbrüche und Erlebnisse von Ablehnung hinter sich, daß sie resignierend in eine Depression geraten sind – vor allem, wenn das Feuer ihrer körperlichen und seelischen Kräfte allmählich kleiner wird.

Die **spezifische Depressionsgefährdung** ambivalent gebundener Kinder liegt darin, daß sie sich verwirrt und hilflos fühlen, wenn ihnen ihre Bühne entzogen wird oder wenn sie sich in eine vorgegebene Struktur einfügen müssen. Die emotionale Dauererregung bedeutet eine Stimulation für sie, ohne die sie sich nicht mehr stark und lebendig fühlen können. Was ursprünglich einmal Ausdruck einer permanenten Reaktionsbereitschaft auf unvorhersehbare Gefahren war, ist im Laufe der Zeit für sie zu einem Lebenselexier geworden. Andererseits fehlen ihnen wichtige Voraussetzungen, um Struktur in ihr Leben zu bringen. Ihre Lebensgeschichte erzählt von Zerwürfnissen, Blitzaktionen, Trennungen, Alkoholkonsum, Suizidversuchen, Eßstörungen und Gewaltauseinandersetzungen, in die sie im Sturm ihrer Gefühle hineingeraten sind. Während die Kinder mit einem vermeidenden Bindungsmuster am ehesten dadurch gegen eine depressive Entwicklung geschützt werden, daß man ihnen viel Wärme, Aufmerksamkeit und Humor entgegenbringt, wenn sie sich ihrer emotionalen Unbeholfenheit wegen schämen, brauchen ambivalent gebundene Kinder zuverlässige Konfrontation mit der Realität, Ausdauertraining und die Erfahrung, Freude und Geborgenheit auch im Zustand der Ruhe finden zu können.

Wenn Säuglinge längere Zeit in engster Abhängigkeit von einer Mutter leben, deren seelische Krankheit ihre mütterlichen Fähigkeiten stark überschattet hat, so zeigen sie im Alter von zwölf Monaten eine Variante ihres Bindungsmusters, die man nach Mary Main (1986) als „desorientiert" oder „desorganisiert" bezeichnet. Bei genauem Hinsehen findet man kleinste Zeichen dafür bei vielen, auch bei sicher gebundenen, Kindern. Solche Anzeichen gelten heute als Vorboten oder frühe Manifestationen echter kinderpsychiatrischer Störungen. Es handelt sich um zumeist kurze Episoden, in denen das Kind Dinge tut, die einem Beobachter „verrückt" vorkommen. Zum Beispiel erstarrt es plötzlich in seinen Bewegungen oder es will auf die Mutter zulaufen, stoppt aber ganz unvermittelt und schaukelt auf Händen oder Knien hin und her. Ein anderes Beispiel: Das Kind ruft ganz verloren nach der Mutter, doch kaum kommt die Mutter zurück, dann wendet es sich ab und verstummt. Verständlicher wird dies Verhalten des Kindes dann, wenn man beobachtet, daß die Mutter selber hoch verängstigt ist oder auf das Kind bedrohlich wirkt. Die Szene wird also von einer zerstörerischen Angst beherrscht, die nicht von der Trennung selber herrührt, sondern von der Person, die die Trennungsangst aufheben soll. Die Vorgeschichte enthält häufige schwere Traumatisierungen der Mutter oder des Kindes selber. Sexueller Mißbrauch, körperliche Gewalt oder schwere Vernachlässigung haben hier ihre Spuren hinterlassen. Solche Störungsanzeichen zeigen auch Kinder, die selber nicht Opfer solcher Übergriffe geworden sind, die aber feinfühlig auf die Verstörtheit ihrer Mutter reagieren.

So ist auch die **langfristige Depressionsgefährdung solcher „deosorganisierten" Kinder** von Fall zu Fall höchst unterschiedlich einzustufen. Einige Kinder sind offenbar dauernder Bedrohung ausgesetzt und entwickeln eine Angst-Depression. Andere geraten bereits im Kindesalter in die Rolle eines Psychotherapeuten gegenüber den eigenen Eltern. Es versteht sich von selbst, daß jedes Kind in dieser Rolle auf die Dauer völlig überfordert sein wird.

Wenn man aufmerksam betrachtet, welche hoch unterschiedlichen Strategien sicher und unsicher gebundene Kinder im Laufe ihrer Entwicklung entwickeln, um nicht depressiv zu werden, dann wird man etwas vorsichtiger zu behaupten, daß die frühe Bindungsentwicklung darüber bestimme, ob ein Mensch depressiv werde oder nicht. Es stimmt zwar, daß ein unsicherer Bindungsstatus eher psychische Probleme, auch Depressionen, nach sich zieht als ein sicherer. Aber es gab und gibt viele, viele Kinder, die nach einem ungünstigen Lebensstart, sehr realistisch um ihre Verletztbarkeit wissend, bewußt ihre Freundschaften, ihren Beruf und ihre Lebensform so gewählt haben, daß ihnen nicht nur größeres Leid erspart blieb, sondern daß sie imstande waren, Lebensleistungen zu vollbringen, die ohne das Gefühl, sich Geborgenheit immer wieder erkämpfen zu müssen, nicht denkbar gewesen wären. Vielen haben auch einfach glückliche Lebensumstände geholfen.

Und mit einem zweiten Urteil wird man wohl auch vorsichtiger umgehen müssen, nämlich dem **Schuldspruch** über die Mütter unsicher gebundener Kinder. Wenn unsere Befunde über die Bindungsentwicklung zuverlässig sind, dann trifft auf die Mutter jedes dritten Säuglings zu, daß sie ihm nicht die Geborgenheit geben kann, die er für die Entwicklung eines sicheren Bindungsgefühls braucht. Ist also jede dritte Mutter schuld an der weiteren problematischen Lebensentwicklung ihres Kindes? Es scheint mir wichtig, sich mit dieser Frage ernsthaft auseinanderzusetzen, weil Mütter ohnehin sehr schuldbereit sind und sie für ihre persönliche Gewissensnot in der Öffentlichkeit wenig Verständnis finden. Denn einerseits ist in den letzten Jahrzehnten der Begriff „schuldig" immer mehr aus den Bereichen Pädagogik, Psychologie und Psychiatrie verschwunden und durch den Begriff „dysfunktional" („funktionsgestört") ersetzt worden, nachdem er zuvor lange Zeit zur Stabilisierung autoritärer Gesellschaftsvorstellungen gedient hatte. Andererseits hat sich darüber nichts an der Tatsache geändert, daß besonders Mütter häufig unter Schuldgefühlen leiden und sich nicht beruhigen können mit dem Satz: „Es gab halt eine Funktionsstörung zwischen mir und meinem Kind …!"

Wer schuldig ist, hat gegen ein Gesetz verstoßen. Aber es müssen noch einige Voraussetzungen gegeben sein, damit man jemanden als Schuldigen bezeichnen kann. Zum einen muß er prinzipiell über die Freiheit verfügt haben, zwischen zwei Alternativen zu wählen. Zweitens muß er sich über die Tragweite seines Tuns im klaren gewesen sein. Und drittens schließlich muß er sich dessen bewußt sein, was sittliche Werte ausmacht.

Wollte man also eine Mutter eines unsicher gebundenen Kindes als schuldig bezeichnen, dann müßte sie in freier Entscheidung und unter Mißachtung ihr bekannter moralischer Gesetze gegen ein Gesetz verstoßen haben, und sie müßte sich zudem darüber völlig im klaren gewesen sein, was sie damit langfristig anrichtet.

In meiner klinischen Erfahrung mit schwer gestörten Kindern und ihren Familien habe ich tatsächliche Väter und Mütter gesehen, auf die nach dieser Definition der Begriff „schuldig" zutraf. Einige von ihnen wurden auch vom Gericht als schuldig erkannt, viele, die alle die genannten Kriterien erfüllten, wurden nie verurteilt.

Zur überwiegenden Mehrheit der Eltern unsicher gebundener Kinder aber gehörten Väter und Mütter, die ganz andere Gemeinsamkeiten hatten. Viele von ihnen waren Persönlichkeiten, die unter anderem aufgrund eigener ungünstiger Entwicklungsbedingungen oder Erkrankungen auch bei bestem Willen überhaupt nicht die Wahl hatten, sich für ein feinfühliges und Geborgenheit gebendes Elternverhalten zu entscheiden.

Ins Allgemein-Gesellschaftliche hinein geht eine zweite Beobachtung, die darauf hinweist, wie einseitig in unserer Gesellschaft noch weithin das moralische Gesetz ausgelegt wird, für Kinder zu sorgen und sie zu schützen. Entgegen allen entwicklungspsychologischen Erkenntnissen und trotz zunehmender Chancenangleichung zwischen Männern und Frauen bleibt Kindererziehung Frauensache! Und diese eigentümlich unausrottbare Vorstellung war in den Familien, an die ich mich erinnere, besonders verbreitet.

Eine dritte Beobachtung wird in allen wissenschaftlichen Untersuchungen zum Thema Bindungsstörung immer wieder berichtet. Kinder, die mit „schwierigem Temperament" oder mit Behinderungen auf die Welt kommen oder die häufig in den ersten Lebensmonaten erkranken, machen es allen Eltern schwer, ausreichend gute Bezugspersonen zu sein.

Und schließlich noch eine vierte Beobachtung, die ebenfalls langjährigem kinderpsychiatrischen Wissen entspricht: Wenn **Familien in finanzieller Not** leben, wenn ein Vater arbeitslos wird, eine Familie den Wohnort wechseln muß, eine Mutter vor Erschöpfung nicht mehr kann, Kinder wegen des gefährlichen Straßenverkehrs nicht mehr draußen spielen können und stattdessen alleine ihre Nachmittags- und Abendstunden vor dem Fernsehgerät verbringen, dann häufen sich die Alltagsbelastungen einer Familie derart, daß es zwangsläufig zu einer Störung von Bindungsbeziehungen kleiner Kinder kommen muß. Diese Überlegungen führen zu einem Stück Aufklärung über den Mythos der „schuldigen Mütter".

Im konkreten Fall sind solche Informationen für viele Mütter hilfreich, aber sie führen meist nicht zu einer Reduzierung ihrer Schuldgefühle. Warum ist das möglich? Der Grund dafür liegt in der psychischen **Dynamik der Schuldgefühle**. Sie entstehen aus der Spannung zwischen der Gewissensanforderung und den Möglichkeiten eines Menschen, diesen Forderungen und zugleich der Alltagsbewältigung, aber auch den eigenen Bedürfnissen gerecht zu werden. Schuldgefühle sind also etwas ganz anderes als Schuld im ethischen oder juristischen Sinne. Schuldgefühle sind Hinweise auf eine innere Zerrissenheit einer Person in Wollen, Müssen und Können. Eine Mutter, die sich über lange Zeit mit Schuldgefühlen herumschlägt, hat bereits einen ersten Schritt zur Entwicklung einer Depression, also einem Zustand völliger Hilflosigkeit, getan. Weil dies so ist, helfen auch die wohlmeinenden Aufklärungen nicht viel. Was einer solchen Mutter helfen würde, wäre das Gespräch mit einem anderen Menschen, der ihr durch Zuhören und Widersprechen hilft, wieder für sich klar zu bekommen, was sie will, was sie zu müssen glaubt und was sie kann. Daß alle diese Strebungen im Konflikt miteinander liegen, ist unvermeidlich. Seelisch krank aber wird eine Mutter darüber, daß sie mit der Konfliktlösung alleingelassen wird.

Wer für ein konkretes Kind oder für die heranwachsenden Kinder einer Gesellschaft Lebensbedingungen so gestalten will, daß seelische Krankheiten eine geringere Chance bekommen, der muß bei den Grundlagen der Bindungsentwicklung anfangen. Auf die angeborene Motivation zur Bindung eines Kindes können wir uns verlassen wie der Turm auf die Schwerkraft, die seine einzelnen Steine aufeinanderdrückt. Die Formung der Steine aber ist alleine Sache der Erwachsenen und der Gesellschaft, die Müttern und Vätern als den wichtigsten Bezugspersonen eines Kindes mit hohem Respekt begegnen sollte. Denn es gibt keine analoge biologisch verankerte Motivation zum Mutter- oder Vater-Sein. Die Qualität der Beziehung zu einem Kind ist ein Zeichen für den kulturellen Stand, auf dem sich die Humanität des einzelnen oder einer Gesellschaft befindet.

12. Kapitel
Streß im Kindesalter

Der Ausdruck „Streß" gehört so sehr zu unserem Alltagsvokabular, daß leicht in Vergessenheit gerät, was er eigentlich bezeichnen soll – aber auch was nicht. Streß ist in unserer Umgangssprache etwas, was maximal herausfordert, was anregt, unter Druck setzt, aber auch etwas, was ärgert oder seelisch belastet. Immer ist der Auslöser der Streßreaktion gemeint. Im Zustand der Depression haben wir es indes mit der Streßreaktion selber zu tun. Ein depressiver Zustand bedeutet eine Dauerstreßreaktion, die sich verselbständigt hat. Mit der Streßreaktion verfügt der Organismus über ein überlebenswichtiges Alarm- und Anpassungssystem, mit dem er schnell, durchschlagend und effektiv auf seelische oder körperliche Bedrohung reagieren kann. Das Ziel dieses Systems besteht darin, den Organismus für eine kurze Zeit wach und hoch leistungsfähig zu machen und gleichzeitig alles zu unterdrücken, was diesem Ziel zuwiderläuft.

Dazu eine Geschichte aus dem Alten Testament. Sie handelt vom Kampf des **kleinen Hirtenjungen David gegen den übermächtigen Riesen Goliath** und steht im 1. Buch Samuel, Kapitel 17:

„... *Und der Goliath fluchte dem David bei seinem Gott und sprach zu David: Komm her zu mir, ich will dein Fleisch den Vögeln unter dem Himmel geben und den Tieren auf dem Felde ... David aber wählte fünf glatte Steine aus dem Bach und tat sie in die Hirtentasche ... und nahm die Schleuder in die Hand und ging Goliath entgegen ... David tat seine Hand in die Hirtentasche und nahm einen Stein daraus und schleuderte ihn und traf Goliath an die Stirn, daß der Stein in seine Stirn fuhr und er zur Erde fiel auf sein Angesicht.*"

Die Streßreaktion wird ausgelöst durch die Wahrnehmung (oder die gedankliche Vorstellung) einer Bedrohung. Sofort werden im Organismus drei Systeme gleichzeitig mobilisiert:

1. Das *Aktivierungssystem*. Dieses sogenannte Sympathicus-Nebennierenmark-System erhöht die Streßhormone Adrenalin und Noradrenalin. Dadurch werden Herzschlag und Atmung beschleunigt, damit der gesamte Organismus überall auf mehr Sauerstoff zurückgreifen kann, den Brennstoff, den er für alle Stoffwechselvorgänge benötigt. Zuckervorräte werden aus der Leber freigesetzt, damit genug Zucker als Brennmaterial vorhanden ist. Zugleich wird die Durchblutung von Magen und Darm erhöht, damit sie rasch Nährstoffe aufnehmen können; die Nierendurchblutung aber wird gedrosselt. Mit diesem System wird aus jedem kleinen David ein hellwacher, schneller und kräftiger Krieger im Kampf gegen einen bedrohlich starken Goliath.

2. Das *Bremssystem*. Das sogenannte Hypophysen-Nebennierenrinden-System produziert das Streßhormon Cortisol. Mit ihm wird das Abwehrsystem gebremst, so daß keine Bekämpfung von Krankheitserregern, aber auch keine Reparationen, also keine Entzündungsreaktion, mehr im Körper ablaufen. Der Körper wird damit kurzfristig schutzloser und langfristig krankheitsanfälliger. Hunger und sexuelle Funktionen werden unterdrückt. Die Reserven des Körpers in seinem Muskel- und Fettgewebe werden ausgebeutet, um noch mehr Zucker bereitzustellen, mit dem negativen Nebeneffekt, daß der Körper mit schädlichen Fetteiweißverbindungen überschwemmt wird.

3. Das *Rückkoppelungssystem*. Steigt der Cortisolspiegel, dann wird damit gleichzeitig sein Schalthormon CRF (cortico-releasing-factor) an weiterer Freisetzung gebremst. Damit garantiert der Körper, daß die Alarmreaktion nicht zum Daueralarm wird. Er riskiert also, immer schwächer dazustehen, wenn die Bedrohung weiter anhält. Unter Dauerstreß (Depression) vermag dieses Rückkoppelungssystem nicht mehr genug zu brem-

sen. Ständig wiederholt das Gehirn seine Alarmsignale und erzwingt die Freisetzung des Hormons CRF. Damit schaukelt sich das Niveau der Streßhormone immer höher.

Wie man sieht, ist die Streßreaktion darauf angelegt, daß der Organismus nur auf eine begrenzte Zeit der Bedrohung höchst effektiv reagiert. Dauert die Bedrohung zu lange an, dann wird der Organismus geschwächt, schutzloser und letztlich auch direkt geschädigt. Umgangssprachlich meinen wir eigentlich nur diese negative Auswirkung der Alarmreaktion, wenn wir von „Streß" sprechen. Zugleich kann man sich aber auch gut vorstellen, warum es Menschen reizt, sich immer wieder neuen Bedrohungen und übermäßigen Belastungen auszusetzen. Denn wer fühlte sich nicht gerne hellwach, schnell und stark?!

Der kleine, aber kluge und flinke David kam in einer solchen Streßsituation gegen den übermächtigen Riesen Goliath auf die geniale Idee, einen kleinen Kieselstein in seine Schleuder zu legen und damit auf die Schläfe seines Gegners zu zielen. Goliath brach zusammen und der Kampf war zu Ende.

Was wäre wohl passiert, wenn David nicht genau gewußt hätte, wo seine Stärke liegt und auf welche Kampftechnik er sich besser gar nicht einlassen sollte? Vielleicht hätte er sich dann erst einmal mit lautem Brüllen Mut gemacht, hätte ein Schwert genommen und wäre todesmutig in den aussichtslosen Zweikampf gestürmt.

David hatte drei entscheidende Voraussetzungen für seinen Kampf gegen Goliath: seine Klugheit/Zuversicht („... ich komme zu dir im Namen des Herrn Zebaoth"), seine Schleuder und seine fünf Kieselsteine. Mit seiner Klugheit war er geschützt gegen Selbstüberschätzung, mit der Schleuder hatte er die Waffe bei sich, die ihm am vertrautesten war. Die Kieselsteine aus dem Bach aber, die konnte er nicht einplanen. Die mußte ihm die Umwelt zur Verfügung stellen.

Der Kampf David gegen Goliath macht deutlich, wovon es abhängt, ob ein Kind einer Bedrohung standhalten kann, oder ob es seinem Gegner letztlich unterliegt:

- Der Riese Goliath (**Stressor**) könnte zu mächtig sein – in der Realität oder auch nur in der Vorstellung.
- David fehlt es vielleicht an Klugheit, Zuversicht oder „emotionaler Intelligenz". Das heißt, es fällt ihm eventuell schwer, einen kühlen Kopf zu bewahren, mag sein, weil er besonders streßanfällig und verletzbar („**vulnerabel**") ist oder weil er sich in seinen Fähigkeiten falsch einschätzt („falsches Selbst").
- Die Schleuder („**coping**" oder „**Bewältigungsstrategie**") ist ihm vielleicht nicht vertraut genug. David hat eventuell zu wenig Übung im Umgang mit einer Waffe, die er zur Gefahrenabwehr braucht. Mag sein, man hat ihm in seiner überbehütenden Erziehung nie gesagt, daß es Gefahren im Leben gibt. Vielleicht hat er auch immer nur mit einer Waffe geübt, die für ihn gar nicht die richtige war.
- Der Kieselstein aus dem Bach („**Unterstützung von außen**") könnte nicht der richtige sein. Vielleicht gibt's ihn ja, aber David findet ihn einfach nicht.

Der Ausgang des Kampfes, der sich hinter dem Begriff „Streß" verbirgt, ist also von einer Fülle von Faktoren abhängig, die als einzelne noch nicht viel über ihre Tauglichkeit aussagen.

Goliath der Stressor

Wenn man untersucht, welche der Belastungen, die Kinder heute bewältigen müssen, als für sie unzumutbar gelten, dann stößt man auf vieles, was sich bei näherer Betrachtung als Vorurteil von Erwachsenen erweist, die ihre eigene Angst vor der Welt oder der Zukunft in die Kinder hineinlegen („projizieren"). „Umweltverschmutzung", „Atomare Bedrohung", „Veränderungsgeschwindigkeit", „Zukunftsangst", „Reizüberflutung" usw. sind Beispiele solcher Projektionen. Auch viele Wissenschaftler unterliegen immer wieder der Versuchung zu projizieren, statt zu fragen.

Man kann aber der Wirklichkeit kindlicher Stressoren auf indirektem Wege näherkommen, indem man untersucht, welche Gruppe psychischer Störungen bei Kindern in den letzten fünfzig

Jahren denn größer geworden ist und welche nicht – das heißt in einer Zeit, in der es nachweislich sehr schnelle und eingreifende Veränderungen der Umwelt und der Beziehungswelt der Kinder gegeben hat.

• Gleich häufig sind alle die Störungen geblieben, die ganz offensichtlich in hohem Maße über die Erbanlagen gesteuert werden wie schwere Entwicklungsstörungen, Autismus, Schizophrenie, manisch-depressive Erkrankungen und Anfallsleiden.
• Interessanterweise finden sich nur Schwankungen, aber keine eindeutigen Zunahmen bei den Störungen, die wir meist für Anzeichen belastender gesellschaftlicher Einflüsse halten. Dazu gehören die Magersucht, die Bulimie (Eß-Brech-Sucht), die Angststörungen und die Zwangsstörungen.

• **Doch eine dritte, große Gruppe psychischer Störungen im Kindes- und Jugendalter hat an Umfang deutlich zugenommen, und dazu gehören:**
  – **Depressive Störungen aller Schweregrade, Suizidversuche und Suizide, sowie**
  – **Adipositas (Fettsucht),**
  – **Drogenabhängigkeit (Alkohol eingeschlossen),**
  – **soziale Störungen, delinquentes Verhalten und Kriminalität.**

Wenn man nach dem gemeinsamen Nenner der Störungen dieser Gruppe sucht, dann wird deutlich: Sie repräsentieren allesamt fehlgeschlagene Anpassungsversuche (krank machende Streßreaktionen) der seelischen Möglichkeiten von Kindern an gesellschaftliche Anforderungen. Streßkrankheiten im Kindesalter sind im Unterschied zum Erwachsenenalter nicht die klassischen „psychosomatischen Störungen" wie Bluthochdruck, Magendarmgeschwüre, Herzinfarkt, oder Krebserkrankungen, sondern „psychosoziale Störungen" und „psychophysiologische Fehlregulationen", die in nahezu allen Organsystemen auftauchen können: Konzentrationsstörungen, Allergien, Neurodermitis, Akne, Kopfschmerzen, Kreuz- und Rückenschmerzen, Eßstörungen, depressionsbedingte Körperbeschwerden, Asthma bronchiale, Schlafstörungen, ausbleibende oder verzögerte Menstruation, chronische Müdigkeit und Schwächegefühle, erhöhte Infektanfälligkeit, allgemeine Unruhe und Nervosität.

Typische Streßstörungen kleiner Kinder sind: Schlafstörungen, Alpträume, Einnässen (nach vormaligem Trockensein), Einkoten (nachdem ein Kind bereits sauber war), Zähneknirschen, Wutausbrüche.

Kleine Kinder reagieren auf Streßbelastung sehr häufig damit, daß sie vermehrt Daumenlutschen und sich Trost bei ihrem „Übergangsobjekt" holen, also ihrem Schlaftier, ihrer Wolldecke oder bei irgend etwas, was sie ständig bei sich haben können.

Zur Zeit leiden etwa 30 Prozent aller Kinder und Jugendlichen unter diesen psychophysiologischen Störungen! Bis zum 14. Lebensjahr sind die Jungen stärker davon betroffen, um dann von den Mädchen deutlich überholt zu werden. 14,1 Prozent aller Kinder bis zum 14. Lebensjahr gelten heute als „chronisch krank", 25 Prozent sind allergiekrank, 20 Prozent übergewichtig, 12 Prozent sind sozial auffällig, und jedes zwanzigste Kind ist erheblich aufmerksamkeitsgestört. Jedes zehnte Kind in der Bundesrepublik Deutschland erlebt mehrfach schwere Übergriffe durch körperliche oder sexuelle Gewalt. Das sind in unserem Land alleine eine Millionen Kinder und Jugendliche!

Welcher Goliath verbirgt sich nun hinter diesem ungleich ausgefochtenen Kampf, in dem die Kinder ganz offensichtlich immer mehr die Unterlegenen sind? Da Kinder für eine gesunde psychische Entwicklung auf emotionale Bindung und altersadäquate Reizkonfrontation angewiesen sind, sind die überwältigenden Stressoren in zwei Bereichen zu suchen: in allem, was zuverlässige Bindungsentwicklung gefährdet und da, wo Kinder mit Reizen und Anforderungen konfrontiert werden, denen sie in ihrer Unreife noch nicht gewachsen sind.

Der Goliath heutiger streßkranker Kinder hat also viele Gesichter:

- Zerstörung familiärer Bindungen,
- zu frühe Anpassung an Erwachsenennormen statt Erziehung,
- Gewalt, vor allem sexuelle Gewalt,
- Armut und soziale Deprivation,
- Zerstörung der Spiel-Räume durch den Autoverkehr,
- Vernichtung freier, ungeplanter Zeit-Räume für Muße und Langeweile,
- Schadstoffbelastung von Luft, Wasser, Boden, Wohnräumen und Nahrungsmitteln,
- destruktive Verführung und Desorientierung durch Werbung, Konsum und Vielfernsehen,
- einseitiger, intellektueller und zu hoher Leistungsdruck, bei mangelnder Förderung im motorischen und emotionalen Bereich.

Für das Kindesalter muß man noch die

- erhöhte Krankheitsanfälligkeit

als eigenen Stressor hinzufügen. Der Krankenstand der Kinder bis zum 10. Lebensjahr ist derzeit so hoch, daß er den aller Altersgruppen bis zum 45. Lebensjahr übertrifft.

Für das Jugendalter, aber auch zunehmend für das Kindesalter, kommt noch ein aktuell hoch brisanter Stressor hinzu, nämlich die

- Gewalterfahrungen unter Gleichaltrigen.

David – seine Verletzbarkeit
und seine Widerstandsfähigkeit

Wie gut Kinder Belastungen aushalten können, hängt außer von ihrer genetischen Konstitution vor allem von der Sicherheit der

Basis ab, die in der Schwangerschaft und in den ersten Lebensjahren aufgebaut wird. In umfangreichen Risikostudien sind in den letzten Jahrzehnten die Faktoren gefunden worden, die immer wieder in der frühen Lebensgeschichte von Menschen auftauchen, die zu einem späteren Zeitpunkt psychisch oder psychosomatisch krank geworden sind. Diese gelten als die Fakoren erhöhter Verletzbarkeit („Vulnerabilität").

Auf andere Studien geht unser Wissen über die vorbeugenden und schützenden („protektiven") Faktoren der Kindheit zurück, d. h. also die Bedingungen, die bei einer gegebenen Gefährdung den Ausbruch einer psychischen oder psychosomatischen Erkrankung verhindern können oder aber ihren Verlauf mildern. Damit sind Eigenschaften gemeint, die Kinder widerstandsfähig („resilient") machen.

Zu den nachgewiesenen **Vulnerabilitätsfaktoren** gehören:
- uneheliche Geburt
- männliches Geschlecht
- Altersabstand zum nächsten Geschwister unter 18 Monaten
- körperliche Schäden, vor allem des Gehirns
- große Familie mit wenig Wohnraum
- **niedriger sozioökonomischer Status (gehäuft verbunden mit schlechter Ernährung und psychischer Störung der Eltern)**
- schlechte Schulbildung der Eltern
- **psychische Störung eines Elternteils (Depression der Mutter im ersten Lebensjahr, verbunden mit Partnerproblemen und Scheidung) oder beider Eltern**
- schwere körperliche Erkrankung der Eltern
- Dissozialität der Eltern
- alleinerziehende Mutter
- mütterliche Berufstätigkeit im ersten Lebensjahr
- **Verlust der Mutter (verbunden mit sozialem Abstieg und Armut)**
- unsicheres Bindungsverhalten (nach 12. Lebensmonat aussagekräftig)
- häufig wechselnde Betreuungsverhältnisse, vor allem zwischen dem 12. und 36. Lebensmonat

- chronische Disharmonie im Erziehungsmilieu
- autoritäres väterliches Verhalten
- Notwendigkeit für Kontakte mit sozialen Einrichtungen (Sozialamt, Jugendamt)
- aggressive und/oder sexuelle Gewalt
- schlechte Kontakte zu Gleichaltrigen
- Summation von Risikofaktoren

Zu dieser Aufzählung ist kritisch anzumerken, daß bislang noch zu wenig verläßliche Daten vorliegen, die die Rolle des Vaters in den ersten Lebensjahren, den Informationsüberschuß und die Auswirkungen der Umwelt mit Schadstoffen zum Gegenstand haben.

Als **Schutzfaktoren** (**„protektive Faktoren"**) für eine gesunde psychische und psychosomatische Entwicklung haben sich erwiesen:
- weibliches Geschlecht
- überdurchschnittliche Intelligenz
- aktives, ausgeglichenes, kontaktfreudiges Temperament, Humor, positives Selbstbild, soziale Fähigkeiten
- sicheres Bindungsverhalten mit gelungenem Trennungslernen zwischen dem 12. und 36. Lebensmonat
- Großfamilie mit Entlastungsmöglichkeit der Mutter
- gute Ersatzbetreuung nach Verlust der Mutter
- innige, unterstützende Verbundenheit mit mindestens einem Elternteil und/oder gute dauerhafte Beziehung zu mindestens einem Erwachsenen außerhalb der Familie
- soziale Förderung (Schule, Religionsgemeinschaft, Kinder- oder Jugendgruppe)
- spätes Eingehen wichtiger und langdauernder Partnerschaften
- verläßlich unterstützende Bezugsperson(en) im Erwachsenenalter
- geringe Anzahl von Risikofaktoren

Die Aufzählung der „protektiven" Faktoren, die die „Resilienz", also die Widerstandsfähgkeit eines Menschen ausmachen, macht deutlich, daß es auch in Lebensabschnitten jenseits der Kindheit mächtige Einflüsse gibt (Partnerwahl, soziales Umfeld, Zugehörigkeit zu einem großen Familienverband, Schule, gesellschaftliche Gruppen, Unterstützung durch eine zuverlässige Bezugsperson), die in der Lage sind, frühe Schädigungen aufzuwiegen. Insofern ist die Theorie von den „alles entscheidenden ersten Lebensjahren" ein Mythos – ein schädlicher zudem, denn er belastet Mütter und Väter, aber auch die Kinder selber mehr, als daß er ihnen hilft.

Die Schleuder – Bewältigungsstrategien

Um Streß entgegentreten oder ihm ausweichen zu können, braucht ein Kind die richtigen Instrumente, Waffen oder Bewältigungsstrategien. Als die wichtigsten haben sich ein „positives Selbstbild" und ein „hoher Realitätsbezug" erwiesen. Die Überzeugung eines Kindes, liebenswert, stark und fähig zu sein, ist zwar durch Konstitution und frühe Bindungserfahrung entstanden. Aber sie spiegelt auch die Erinnerungen wieder, die ein Kind mit der Bewältigung von Aufgaben, vor allem aktuellen Aufgaben, verbindet.

In der Geschichte von David und Goliath bezieht David sein Selbstvertrauen aus der Erfahrung, die er im Kampf mit Löwen und Bären gemacht hat:

„David aber sprach zu Saul: Dein Knecht hütete die Schafe seines Vaters; und kam dann ein Löwe oder ein Bär und trug ein Schaf weg von der Herde, so lief ich ihm nach, schlug auf ihn ein und errettete es aus dem Maul. Wenn er aber auf mich losging, ergriff ich ihn bei seinem Bart und schlug ihn tot."

Man muß Kindern „das Leben zutrauen", man darf ihnen nicht alle Gefahren vorenthalten. Mangel an Realitätsbezug entsteht durch falsche Rückmeldung. Sie geht häufig von Eltern aus, die ihre eigenen unerfüllten Wünsche in ihr Kind hineinlegen, ohne auf dessen eigentliche Begabung zu achten. So entsteht ein brüchiges, ein „falsches Selbst", das in einer Depression zusammenbrechen muß. Schwer haben es Kinder, die besonders das negative Selbstbild ihrer Eltern kompensieren müssen. In der alttestamentarischen Geschichte wird erzählt, wie David sich gegen die Verführung eines wohlmeinenden Erwachsenen erfolgreich zur Wehr setzt:

„Und (König) Saul legte David seine Rüstung an und setzte ihm einen ehernen Helm auf sein Haupt und legte ihm einen Panzer an ... Da sprach David zu Saul: Ich kann so nicht gehen, denn ich bin's nicht gewohnt, und er legte es ab."

Es gibt heute angesichts immer kleiner werdender Familien und immer stärkerer Ausrichtung von Kindern auf eine einzige Bezugsperson eine zunehmende Tendenz, Kinder frühzeitig mit Schwert, Helm und Panzer auszustatten, d.h. sie vorzeitig zu Quasi-Erwachsenen zu machen. Die Einschränkung des Lebensraums der Kinder auf die Wohnung und die pädagogisch kontrollierten Räume verhindert nicht nur eine gesunde motorische Entwicklung, sondern auch die Begegnung mit „Bären und Wölfen", d.h. bewältigbaren Gefahren im alltäglichen Leben. In Wohngegenden außerhalb der großen Städte, in verkehrsberuhigten Wohngebieten, in Waldkindergärten und auf Abenteuerspielplätzen finden sich heute künstliche Oasen, in denen mutige Kinder heranwachsen können. Die Mode, Kinder schon früh in speziellen Fertigkeiten zu trainieren, wie sie vor allem in den wohlhabenderen, „aufgeklärten" Mittelschichten verbreitet ist (Babyturnen, Voltegieren, Spezialturnen, Mausklick-Training im Kindergarten) führt zu einer vorzeitigen Einbindung in die Leistungs- und Konsumwelt der Erwachsenen; mit Förderung kindlicher Entwicklung hat das wenig zu tun.

Der Kieselstein – was die Umwelt Kindern zur Verfügung stellen muß

Die wichtigsten Hilfsmittel, die Eltern ihren Kindern zur Verfügung stellen können, sind sie selber – ihre Einfühlung, ihre

Liebe, ihr Vorbild und die Zeit, die sie aufmerksam mit ihren Kindern verbringen. Alles weitere steht in seiner Bedeutung weit hintenan. Aber das, was Kinder von außen brauchen, ändert sich im Laufe der Entwicklung grundlegend.

Für einen Säugling zählt alles, was zu einer „harmonischen Selbstregulation" seines Körpers beiträgt. Dazu ist seine Mutter besonders befähigt, wenn sie seelisch gesund bleibt. Eine überlastete Mutter hilft ihrem Säugling im ersten Lebensjahr am besten, wenn sie sich in erster Linie darum kümmert, sich selbst wieder wohl zu fühlen. Wenn sie die Begrenzung auf Kind und Haushalt als Belastung empfindet, so kann es wichtig sein, ihr Kind stundenweise von einer „Ersatzmutter" betreuen zu lassen und eigenen Aufgaben außerhalb, auch in einer Teilzeitberufstätigkeit, nachzugehen. Depressive Verstimmungen bei bis dahin gesunden Säuglingsmüttern resultieren hauptsächlich aus Schlafmangel und körperlicher Erschöpfung. Davon sind vor allem ältere Mütter betroffen. Sehr junge (adoleszentäre) Mütter empfinden die Einschränkung durch ihre Mutterrolle wie ein Ausgehverbot der eigenen Eltern. Daher passiert es ihnen leicht, daß sie in ihrem Kind einen fordernden und frustrierenden Partner sehen. Für Mütter aller Altersgruppen spielen ihre Freundschaft und Liebe zu einem Partner eine wichtige Rolle. Es ist sicher eine optimale Bedingung, wenn Väter und Mütter ein ähnlich inniges Verhältnis zu ihrem Säugling entwickeln können. Aber dafür sind die Voraussetzungen (noch) sehr selten gegeben. Traditionellerweise versteht sich ein „guter" Vater als der Ernährer und Beschützer der Mutterkindzweisamkeit („Dyade"). Die hohe Belastung gerader junger Familien mit Partnerproblemen spricht dagegen, dieses Modell unkritisch weiterzuempfehlen. Ohne daß beide Partner alles tun, damit ihr Kind nicht ihre vormalige Liebesbeziehung zerstört, sind junge Familien vom Scheitern bedroht. Dazu aber brauchen Eltern Zeit für sich, Zeit, die sie gemeinsam verbringen, aber auch Zeit, die so organisiert ist, daß jeder einzelne für sich seine Kreise ziehen kann.

Für viele Eltern steckt hinter der Auseinandersetzung über die Frage, wieviel Zeit der Beruf beanspruchen darf, eigentlich ein ganz anderes Problem: Das Rückzugsbedürfnis aus der ausschließlichen Kind-und-Partner-Beziehung gilt nur dann als legitim, wenn es um den Beruf geht. Dabei wird die Errungenschaft der Adoleszenz aufgegeben, die darin bestand, ohne Beziehungsverpflichtung endlich einmal „auf eigenen Beinen" laufen zu dürfen. Wenn die Begriffe „Kinderhaben", „Familie" und „Ehe" oder „Konflikt zwischen Familie und Beruf" einen so negativen Beiklang genießen, dann liegt das nicht daran, daß es sich hier um historische Auslaufmodelle handelt, sondern vielmehr an diesem zurecht befürchteten Verlust adoleszentärer Errungenschaften.

Kinder im zweiten und dritten Lebensjahr brauchen gute Bedingungen für ihre Autonomieentwicklung. Diese ist aber nur möglich, wenn sie wähend der Zeit, da sie ihre Trennungsangst zu meisten lernen, sicher sein können, daß jemand da ist, der an sie denkt, ihnen Mut macht auszuprobieren und der gelassen bleibt, wenn mal etwas schief geht. Dazu muß die wichtigste Bezugsperson loslassen können und in Belastungssituationen zur Verfügung stehen. Die heutige Sozialgesetzgebung fördert den Schutz der Mutterkindbeziehung in den ersten Monaten nach der Geburt – was bereits ein gewaltiger Fortschritt für Kinder ist. Aber die enorme Bedeutung der Zeit zwischen dem 12. und 36. Lebensmonat für die Entwicklung sozialer Selbständigkeit wird bislang nur in ganz wenigen Ländern in der Sozialgesetzgebung berücksichtigt. Wichtig wäre eine Möglichkeit der beruflichen Freistellung von Müttern und Vätern für die Zeit, in der ihr Kind die ersten drei Lebensjahre erlebt – und das gilt für alle Kinder, nicht nur für das erste Kind einer Familie. Solange dies als Utopie gilt, muß es auch als Utopie angesehen werden, bestmögliche Entwicklungen für die seelische Entwicklung eines Kindes herzustellen.

Vom vierten Lebensjahr bis zur Pubertät ist ein Kind auf „Kieselsteine" (wie in der Geschichte von David und Goliath) angewiesen, die Eltern nur noch zum Teil selber zur Verfügung stellen können. Kindergarten, Schule, Vereine und Gruppen können (theoretisch) deutlich bessere Entwicklungsbedingungen bieten als die Kernfamilie – vorausgesetzt, sie akzeptieren, daß sie nicht nur für Bildung, sondern auch für Erziehung zuständig sind. Angesichts der hohen Beeinflussung, der heute Kinder durch Medien ausgesetzt sind, sind Familien in der Regel überfordert, wenn sie alleine für die soziale, emotionale und akademische Förderung ihrer Kinder aufkommen sollen. Die Gefährdung heutiger Familien, die sich in den steigenden Scheidungsziffern dramatisch ausdrückt, ist ein Zeichen dafür, daß sie in ihrer Erziehungsaufgabe nicht durch Schulen und Freizeitgruppen entlastet werden. Kinder brauchen die Stabilität der Beziehung zu beiden Eltern, die aber ist gefährdet, wenn Eltern nicht genug Zeit für sich selber, gemeinsam oder jeweils alleine, haben. Daß zerrüttete Familien und Ehescheidungen die Entwicklung eines Kindes gefährden, hat sich zwar zum Glück allmählich herumgesprochen. Aber wie sollen Eltern zusammenbleiben oder im Falle einer Trennung gemeinsam ihre Beziehung zu ihrem Kind pflegen können, wenn ihnen durch einen überlasteten Familienalltag oder durch einen Kriegszustand nach der Trennung, die Basis für ihre Liebe oder ihre Freundschaft entzogen wird? Noch sind die „Kieselsteine", die die Gesellschaft in ihren Schulen und Freizeitangeboten zur Verfügung stellt, rar. Noch verhindert die herrschende „Familienideologie", daß die außerfamiliären Institutionen sich überhaupt auf ihre wichtigen Erziehungsfunktionen einstellen. Noch genießen wenige Kinder das Privileg, daß man sie vor dem Konsumbazillus schützt und sie genug Zeit für sich behalten dürfen. Kinder mit genug eigener Zeit zum Spielen, Lesen, Träumen werden wieder „Sachenfinder" (wie Pippi Langstrumpf). Wer wie David lang genug am Bach gespielt hat, weiß auch, daß da Kieselsteine zu finden sind ...

Wenn Kinder wegen ihrer geringen sozialen Fähigkeiten in Schulen nicht mehr unterrichtbar sind und wenn sie ihre Gruppensozialisation über Drogenkonsum selbst organisieren, dann wird das immer noch den Familien und ihrer mangelhaften Erziehungsbereitschaft angelastet. Beratungsstellen für Lehrer und Supervision für LeiterInnen in Gruppen und Vereinen, Kinder- und Jugendclubs – das sind keine utopischen Phantasien, sondern realistische Konsequenzen aus der entwicklungspsychologisch längst unstrittigen Erkenntnis darüber, was Kinder zwischen dem siebten und vierzehnten Lebensjahr brauchen.

Da die **Adoleszenz** heute wegen der früher beginnenden Pubertät und der längeren Ausbildungszeit einen großen Teil der Jahre übernommen hat, die früher der Kindheit und dem jungen Erwachsenenalter zugerechnet worden sind, brauchen „Kinder" in dieser Zeit von ihrer Umwelt Lebensbedingungen, die unsere Gesellschaft bislang noch kaum aufzubringen weiß. Ansätze dazu erleben heutige Jugendliche in gut geführten Internaten, in Wohngemeinschaften, in Lehrlingsheimen, in Studentenwohnhäusern, in Sportclubs, während ihrer Ferien in Gruppeneinrichtungen oder zumindest in ihrer „freien Bude" außerhalb des Wohnbereichs der Familie. Für Jugendliche bedeutet es eine große Hilfe, wenn ihre Eltern während dieser Zeit ihre Rolle verstehen wie die Funktion, die sie im zweiten und dritten Lebensjahr für ihr Kind hatten: Sie stellen den Hafen bereit, in dem ihr „Kind" wieder anlegen kann, wenn die See da draußen zu rauh geworden ist – mehr nicht, aber auch nicht weniger. Loslassenkönnen und Dasein, wenn sie gebraucht werden, sind Elternhaltungen, die Jugendliche als „Kieselstein" immer noch als letzte Reserve in ihrer „Hirtentasche" wissen müssen, wenn die anderen alle verschossen sind und der Riese Goliath immer noch nicht am Boden liegt.

Die Gedanken über die Risikofaktoren, die protektiven Faktoren wie auch die Bindungstheorie sind zentrale Überlegungen zum Thema Kinderdepression. Wenn wir sie nicht mitberücksichtigen, verfallen wir dem Irrtum, die Kinderdepression sei lediglich die kindliche Form der Krankheit Depression, wie wir sie aus dem Leben der Erwachsenen kennen. Der Gedanke, daß Kinder qualitativ etwas anderes sind als nur kleine Erwachsene, ist ein Gedanke der Neuzeit, das heißt er ist nicht viel älter als zweihundert Jahre. Ein historischer Rückschritt in mittelalterliches Denken ist jederzeit wieder möglich.

Der Zerfall familiärer Bindungsstrukturen ohne die Entwicklung von Lebensräumen für Kinder außerhalb der Gemeinschaft mit den Eltern, Lebensräumen, in denen Erziehung und emotionale, soziale und akademische Bildung vermittelt werden, gefährdet die Errungenschaften der Neuzeit. Dieser augenblicklich beobachtbare Prozeß läßt Kinder schon sehr früh zu kleinen konsumierenden, leistungsorientierten und im juristischen Sinne voll verantwortlichen Erwachsenen werden – die aber in ihrer weiteren emotionalen Entwicklung infantil bleiben werden.

Es bedarf großer Anstrengungen der Erwachsenen, damit nicht der Riese Goliath siegt und damit David doch noch König werden kann.

IV. Was tun?

13. Kapitel
Was Kinder brauchen

Wenn bei einem Kind die Symptomatik einer Depression mit gedrückter Stimmung, Verlust von Freude und Interesse sowie erhöhter Müdigkeit länger als zwei Wochen nahezu täglich (mit Schwankungen) besteht, braucht es kompetente Hilfe von außerhalb der Familie. Diese Hilfe umfaßt sieben Stufen:

1. Ihr Kind braucht **Zeit**, in der Sie einfach nur zur Verfügung stehen und zuhören, wenn es etwas zu erzählen hat. Gehen Sie in einen ruhigen Raum, damit Sie nicht gestört werden! Fragen nach seinen Gefühlen oder dem, was denn dahinterstecke, möglichst unterlassen. Keine Ermahnungen, keine Aufmunterungen; aber vermitteln Sie Hoffnung! Gerade dann, wenn Sie wegen Ihrer Berufsverpflichtungen oder anderer Aufgaben nur wenig Zeit aufbringen können, bemühen Sie sich, wirklich geistig und seelisch anwesend zu sein, wenn sie mit Ihrem Kind zusammen sind. Denken Sie daran, daß eine Depression eine „ansteckende Krankheit" ist und daß Sie sich auf viel Ablehnung Ihrer Hilfe einstellen müssen. Depressive Kinder sind nicht nur traurig, sondern auch verstimmt, wütend, ohne Hoffnung und wenig selbstbewußt!

2. Ihr Kind braucht **Entlastung**. Da die Depression eine Streßkrankheit ist, muß sofort der Druck, der im Alltag aufkommt, gemildert werden. Erzieherische Ermahnungen, Spannungen in der Familie und Leistungsdruck sollen reduziert werden. Früh zu Bett und früh aufstehen. Licht und Luft. Sport, wenn's Spaß macht.

Suchen Sie nach den Beschäftigungen, die Ihr Kind gerne tut! Depressive Kinder brauchen besonders viel wohltuenden Körperkontakt. Sie brauchen Hilfe bei allen Aufgaben, die Entscheidungen, Planung und Strukturieren voraussetzen. Dazu gehört auch das Zimmeraufräumen. Rückzug sollten Sie Ihrem Kind immer nur auf sehr begrenzte Zeit gewähren, denn in seiner Einsamkeit ist es hilflos seinem negativen Denken ausgesetzt. Drücken Sie aus, daß Sie sich um Ihr Kind Sorgen machen, genauso wie Sie es bei einer körperlichen Erkrankung auch tun würden.

3. Ihr Kind sollte zuerst von Ihrem **Hausarzt oder Kinderarzt** untersucht werden. Er macht eine Anamnese und Untersuchungen, die körperliche Erkrankungen ausschließen können wie Anämie, Allergien, Heuschnupfen, Kopfschmerzen, chronische Schlafstörungen, Diabetes mellitus, Entzündungen, vorangegangene Infektionskrankheiten, Schilddrüsenunterfunktion, Zustand nach einer Hirnerschütterung oder andere Erkrankungen des Nervensystems, aber auch Auswirkungen von Medikamenten.

4. Sie stellen Ihr Kind einer/m **KinderpsychiaterIn oder KinderpsychologIn** vor. Sie/er erhebt eine Anamnese und führt spezielle Untersuchungen durch. Am wichtigsten sind die Gespräche mit Ihrem Kind und mit Ihnen selber. Viele Eltern sind bei dieser Gelegenheit irritiert, wenn sie von den Gefühlen erfahren, die ihr Kind einer/m Fremden mitteilt. Doch die Zurückhaltung, die Kinder üben, ihren Eltern Gefühle mitzuteilen, ist der Normalfall und ist nicht begrenzt auf schwierige Gefühle. Die Diagnostik im Spiel mit einem kleinen Kind und das familiendiagnostische Interview gehören zu den Verfahren, die bei der/m UntersucherIn die höchste fachliche Kompetenz voraussetzen und die am sichersten zur Diagnose führen. Gespräche mit Lehrern oder Freunden des Kindes können sehr wichtig sein. Psychologische Testverfahren werden eventuell sinnvoll sein, wie die Einschätzung der intellektuellen Funktionen (K-ABC) und der Ausschluß von Teilleistungsstörungen. Für verschiedene Altersstufen existieren außer Interviewrichtlinien spezielle Testverfahren zur Einschätzung der Depressivität:

- Vorschulkinder: PRESS, GRASP
- Grundschulkinder: DIKJ, DTK, MEI, Kinder-DIPS
- Adoleszenz: DIKJ, ADS, BDI, TGT, ASF; Persönlichkeitsfragebögen
- Lehrereinschätzung: TNID
- Gleichaltrigengruppeneinnschätzung: PNID

Auf der Grundlage der psychiatrischen, medizinischen und psychologischen Untersuchungsergebnisse erstellt die/der KinderpychiaterIn oder die/der KinderpsychologIn eine Diagnose (derzeit nach dem MAS, das auf die ICD-10 zurückgeht oder dem DSM-IV). Sie/er prüft, ob nicht eine andere psychische Störung vorliegt, die zwar auch depressive Symptome zeigt, die aber doch eine andere Grundlage hat (bipolare Störung, wenn manische Phasen auftauchen; emotionale Störungen im Kindesalter mit Trennungsangst oder bei starker Geschwisterrivalität; soziale Störung mit depressiven Symptomen).

Sie werden über die Erkrankung Ihres Kindes aufgeklärt, eventuell bekommen Sie auch Lektüre empfohlen. Eine kinderpsychiatrische Behandlung kann sofort beginnen. Eine Kinderpsychotherapie (psychoanalytisch oder verhaltenstherapeutisch) muß mit Beifügung eines Gutachtens beantragt werden. Unter bestimmten Voraussetzungen kann die Behandlung auch direkt aufgenommen werden. Falls ein/e KinderpsychiaterIn Medikamente verschreibt (was PsychologInnen nicht dürfen), sollten Sie über deren Wirkungen und Nebenwirkungen gut informiert sein. Kinder benötigen nur in seltenen Fällen Psychopharmaka (z. B. trizyklische oder tetrazyklische Antidepressiva) gegen ihre Depression. Am effektivsten und sichersten haben sich die Serotoninwiederaufnahmehemmer (SSRI) erwiesen, die allerdings in Deutschland nur für Erwachsene und Jugendliche (bislang) zugelassen sind. Die Wirkung dieser Medikamente setzt erst nach zwei bis sechs Wochen in vollem Umfang ein. Johanniskrautextrakte in ausreichender Dosierung gelten ebenfalls als sehr wirksam und sind so gut wie frei von Nebenwirkungen. Andere Medikamente können notwendig sein, falls außer der Depression noch weitere Störungen vorliegen oder wenn Angst oder Schlafstörun-

Affektive Störungen im Kindesalter
(Klassifikation nach ICD–10)

Hauptklassifikation	*Unterklassifikation*
F 30 **Manische Episode**	F 30.0 Hypomanie
	F 30.1 ohne psychotische Symptome
	F 30.2 mit psychotischen Symptomen
F 31 **Biopolare affektive Störung**	F 31.1 ohne psychotische Symptome
	F 31.2 mit psychotischen Symptomen
F 32 **Depressive Episode**	F 32.0 leicht
	F 32.1 mittelgradig
	F 32.2 schwer, ohne psychotische Symptomatologie
	F 32.3 schwer, mit psychotischer Symptomatologie
F 33 **Rezidivierende depressive Störung**	F 33.1 ohne psychotische Symptome
	F 33.2 mit psychotischen Symptomen
F 34 **Anhaltende affektive Störung**	F 34.0 Zyklothymie
	F 34.1 Dystymia
F 43 **Anpassungsstörungen**	
F 43.2 **Depressive Reaktion als Anpassungsstörung** (u.a.Trauerreaktion, Hospitalismus,Kulturschock, Leistungsüberforderung)	F 43.22 Angst-Depression
	F 43.23 Regressive Reaktion (Bettnässen, Daumenlutschen)
	F 43.24 Anpassungsstörung mit aggressivem oder dissozialem Verhalten
F 92 **Störung des Sozialverhaltens mit depressiver Störung**	
F 06.32 **Organische depressive Störung** (u.a. bei Grippe, Diabetes, Schilddrüsen-Funktionsstörung)	

gen im Vordergrund stehen. Falls die/der UntersucherIn nicht selbst die Behandlung übernehmen kann, überweist sie/er an eine/n KinderpsychotherapeutIn.

5. Sie melden Ihr Kind zur **Psychotherapie** an. Eingeschlossen sind immer Familiengespräche, eventuell aber auch Gespräche mit anderen Berufsgruppen. Die Behandlung dauert einige Monate, eventuell auch länger als ein Jahr und wird in vollem Umfang von den Krankenkassen bezahlt. Ein/e KindertherapeuIn muß von Ihrem Kind akzeptiert werden. Sie/er muß eine derart wichtige Vertrauensperson für Ihr Kind werden, daß in diesem Vertrauen die Selbstmordgefahr gebannt ist, Ihr Kind sich verstanden fühlt und es Hoffnung auf bessere Zeiten entwickeln kann. Die/der KinderpsychotherapeutIn kann Ihnen erklären, wie sie/er vorgehen wird und warum sie/er es tut. Erfahrene und erfolgreiche TherapeutInnen wissen, daß die Aufrechterhaltung einer guten, hilfreichen und von Interesse und Hoffnung geprägten Beziehung zu ihrer/m jungen PatientIn die unverzichtbare Basis der Behandlung darstellt.

Bei den theoretischen Annahmen, die ihrer/seiner Behandlung zugrunde liegen, integriert sie/er genetisches, entwicklungspsychologisches, psychoanalytisches, lerntheoretisches, neuropsychologisches und sozialpsychologisches Wissen. In ihrer/seiner Behandlungstechnik besitzt sie/er Erfahrung mit sehr verschiedenen Methoden, die sie/er individuell für jede/n PatientIn anwendet. (Lassen Sie sich nicht irritieren vom „Schulenstreit" über die richtige Methode! Gute Therapeuten verfügen über Erfahrungen in verschiedenen Methoden, und sie sind in der Lage, patientenspezifisch ihr Können einzusetzen. Je erfahrener Therapeuten sind, umso weniger beschränken sie sich auf die Anwendung der Technik einer einzigen theoretischen Ausrichtung. Dogmatiker sind zumeist unerfahrene Therapeuten.)

Eine stationäre Behandlung in einer kinderpsychiatrischen Klinik ist dann der ambulanten Behandlung überlegen, wenn akute Selbstmordgefahr besteht. Immer wenn Sie fürchten, Ihr Kind könne sich umbringen wollen, gehen Sie davon aus, daß wirklich Gefahr besteht! In jedem Fall sollten Sie dann sofort eine/n KinderpsychiaterIn konsultieren. Auf Selbstmordgefahr weisen hin: Selbstmordphantasien, gehemmte Aggressionen und Rückzug mit Abkapselung. Sagen Sie Ihrem Kind ganz offen, welche Sorgen Sie sich machen, und bestehen Sie auf einer kinderpsychiatrischen Untersuchung – auch gegen den Willen Ihres Kindes!

Andere Umstände für eine stationäre Behandlung sind: schwere Ausprägung depressiver Enzelsymptome, eine Psychose, eine schwere andere kinderpsychiatrische Störung, körperliche oder seelische Gewalt (vor allem sexuelle Mißhandlung!), der ein Kind ausgesetzt war oder ist, körperliche oder seelische Erkrankungen eines Elternteils, die eine Mitarbeit in der Therapie des Kindes unmöglich machen, ferner die Situation, in der ein Kindergarten oder eine Schule ihre Aufgaben nicht mehr erfüllen können (Schulphobie!) oder eine ambulante Therapie erfolglos geblieben ist.

Alle ambulanten Kinderpsychotherapien sind ohne Familientherapie nicht sinnvoll. Spezielle Techniken der Einzeltherapie sind „Operante Methoden", „Kognitive Methoden", „Kommunikations- und Selbstsicherheitstraining" und „Selbstkontrollmethoden". Psychoanalytische und klientenzentrierte Spieltherapie sind vor allem für kleine Kinder (ab 2. Lebensjahr!) am geeignetsten, können aber auch noch bis in die Vorpubertät hinein angewandt werden. Mutter-Kind-Therapien betonen die Verbesserung der Interaktion, die bei einer depressiven Mutter in der Regel erheblich beeinträchtigt ist. Es gibt Behandlungen, in denen die Beratung und Supervision von KindergärtnerInnen und LehrerInnen zentrale Bedeutung besitzen. Für alle Therapien gilt, daß sie in erster Linie an den normalen Entwicklungsmöglichkeiten und -aufgaben eines Kindes orientiert sind und eine Veränderung der Umstände herbeiführen, unter denen das Kind krank geworden ist.

In besonderen Fällen kann es also auch nötig sein, für das Kind einen Lebensraum außerhalb der Familie zu schaffen (nach § 35 a KJHG). Dabei ist es wichtig, daß das Kind nicht seine inneren Bindungen an seine Eltern verliert. Äußere Trennungen können – vor allem bei Jugendlichen, aber auch bei Gewalt ausübenden Eltern – die Voraussetzung dafür sein, daß diese inneren Bindungen nicht zerstört werden. Kein/e TherapeutIn, kein/e ErzieherIn und kein/e SozialarbeiterIn dürfen in ihrem Engagement so weit gehen, daß sie sich als Elternersatzpersonen anbieten. Kinder, die ihre Eltern durch Tod verloren haben, brauchen zuerst einmal Ersatzeltern und in zweiter Linie eine Psychotherapie.

6. Nach Beendigung der Behandlung vereinbaren Sie mit der/m TherapeutIn einen **Rücksprachetermin**. Der erste Termin sollte spätestens nach sechs Monaten stattfinden, weitere Termine sollten folgen, eventuell auch über mehrere Jahre, besonders dann, wenn entwicklungsbedingte Belastungen (Schulwechsel, Familienveränderungen, Pubertätsbeginn) auftreten, aber auch, wenn Medikamente gegeben werden.

7. Die Depressionserkrankung eines Kindes verändert nicht nur den Entwicklungsgang eines Kindes, sondern auch das gesamte **Familiengefüge**. Daher sollten Sie sich nicht scheuen, für sich selbst eine Behandlung (bei einer/m anderen PsychotherapeutIn!) in Anspruch zu nehmen, wenn Sie Hilfe brauchen.

Depressive Kinder brauchen sehr schnell Hilfe. Länger als zwei Wochen sollten Sie als Eltern nicht warten, bis Sie fachliche Hilfe in Anspruch nehmen. Bei dem Verdacht auf Selbstmordgefährdung sollten Sie noch am selben Tag eine/n KinderpsychiaterIn aufsuchen. Selbst wenn sich Ihre Sorge als übertrieben herausgestellt haben sollte, bedeutet für ein Kind das Ernstnehmen seiner depressiven Gefühle eine hilfreiche Rückmeldung. Die Zeiten, da Eltern vor einer „vorschnellen Psychiatrisierung" zurückgeschreckt sind und sich haben vertrösten lassen mit dem Satz „Das wächst sich schon aus!", diese Zeiten sollten endgültig der Vergangenheit angehören.

Es geht bei der Behandlung eines depressiven Kindes nicht „nur" um die Aufhebung eines augenblicklichen Leidenszustandes, sondern auch um Vorbeugung. Denn die Wahrscheinlichkeit, daß sich unbehandelte Depressionen wiederholen oder bis ins Erwachsenenalter fortbestehen, ist erschreckend hoch. Das gilt vor allem für die „double depression", also die depressive Episode auf dem Hintergrund einer Dysthymie, einer depressiven Entwicklung.

Depressive Kinder brauchen kompetente ärztliche und psychologische Hilfe und ein gesundes Leben außerhalb ihrer Erkrankung, vor allem aber brauchen sie Eltern, die sich in ihrer Sorge um ihr Kind immer wieder auf Fachleute stützen können, damit das Thema Depression nicht zum alles beherrschenden Familienthema wird.

14. Kapitel
Was Familien brauchen

In den letzten vier Jahrzehnten haben sich die Lebensformen, in denen Kinder aufwachsen, dramatisch geändert. In den 60er Jahren des zwanzigsten Jahrhunderts ging fast jeder Erwachsene davon aus, eines Tages einmal zu heiraten und Kinder zu haben, heute ist es nur noch jeder zweite. Auch das familiäre Umfeld der Kinder ist in dieser Zeit erheblich kleiner geworden. Nur noch etwa fünf Prozent aller Kinder können, wenn sie erwachsen werden, sagen: „Ich bin mit Vater, Mutter und meinen Geschwistern groß geworden". Für 20 Prozent aller Kinder zählt während ihrer gesamten Kindheit und Jugend zur Familie nur die alleinerziehende Mutter. Jedes dritte Kind verliert im Laufe seiner Entwicklung mindestens einen Elternteil durch Tod oder Trennung/Scheidung. Am häufigsten trifft das Kinder im Vorschulalter. Und es sind überwiegend die Frauen, die die Ehe mit ihrem Mann nach etwa fünf Ehejahren beenden und mit ihrem Kind lieber alleine leben.

Wie Kinder heute aufwachsen

- in vollständigen Familien   77%
- in Scheidungsfamilien*   10%
  - mit Stiefvater   9%
  - mit Stiefmutter   1%
- mit einem Elternteil   12%
  - mit Mutter alleine   10%
  - mit Vater alleine   2%
- in außerfamiliärer Betreuung   1%

* 35% aller Kinder sind bis zu ihrem 18. Lebensjahr mindestens einmal vom Verlust eines Elternteils betroffen.

Gleichzeitig wird die Schere des Lebensstandards zwischen Erwachsenen ohne Kinder und denen mit Kindern immer größer. Jedes fünfte Kind unter 16 Jahren lebt derzeit in unserer Gesellschaft in Armut, d.h. benötigt Unterstützung von der Sozialhilfe. Damit haben sich zwei entscheidende Bedingungen für die seelische Gesundheit von Kindern (Bindungsstabilität und wirtschaftliche Sicherheit) in kurzer Zeit erheblich verschlechtert. Hinzu kommen gesundheitliche Belastungen durch Umweltzerstörung und Einschränkung des Lebensraums der Kinder.

Wenn Kinder heute in 80 Prozent der Fälle noch seelisch stabil das Erwachsenenalter erreichen, dann tragen dazu in erster Linie ihre eigene Vitalität und die erfindungsreiche Liebes- und Organisationsfähigkeit von Müttern und Vätern bei. Für Eltern, ob allein- oder nichtalleinerziehend, kommt zu der objektiven Benachteiligung durch gesellschaftliche Verdrängungsprozesse noch eine zweite Belastung hinzu: die Selbstentwertung als versagende, überforderte und ihrer Verantwortung nicht gerecht werden könnende Erwachsene. Notgedrungen verstoßen immer mehr Eltern gegen den

Artikel 6 des Grundgesetzes:
„Pflege und Erziehung der Kinder sind das natürliche Recht der Eltern und die zuvörderst ihnen obliegende Pflicht."

Diese Schilderung der Situation, die Kinder heute vorfinden, ist realistisch und deprimierend zugleich. Wenn es immer noch viele Eltern gibt, die gerne ihre Rolle als Freunde und Erzieher ihrer Kinder wahrnehmen, dann läßt sich das nur verstehen, wenn man bedenkt, welche Widerstandskräfte und lebenshungrigen Talente überall da freigesetzt werden, wo Kinder und Erwachsene ein Stück ihres Weges gemeinsam die Welt erleben. Es lohnt sich also, nicht nur auf die (oft selbstgerechten) Kassandrarufe („Alles wird böse enden, aber niemand will es wissen!") zu achten, sondern Ausschau zu halten nach denen, die über die Fähigkeit zum utopischen Denken verfügen entsprechend der Formulierung des englischen Dichters Thornton Wilder:
„Heutzutage ist kaum etwas realistischer als Utopien."

Depressiv wird, wer nicht mehr utopisch denken kann. Wahrscheinlich sind Kinder auch deswegen so viel besser gefeit gegen Depressionen, weil ihr gesamtes Denken geprägt ist durch zukunftsorientierte Hoffnung, eben durch utopisches Denken. Aus Utopien lassen sich Forderungen für die Gegenwart ableiten und viele Eltern tun genau das – jeden Tag!

Für eine Kinderwelt, in der Depression kaum noch eine Rolle spielt, sähe das zum Beispiel folgendermaßen aus:

1. Die genetische Belastung für depressive Erkrankungen wird minimal. Erwachsene mit hoher genetischer Belastung für affektive Störungen verzichten darauf, eigene Kinder zu bekommen, stattdessen adoptieren sie Kinder. Eltern mit schweren Persönlichkeitsstörungen, die sich schädlich auf die Entwicklung von Kindern auswirken werden, übergeben ihr Sorgerecht frühzeitig an eine Adoptiv- oder Pflegefamilie.
2. Alle Kinder werden als Wunschkinder von ihren Eltern erwartet oder im Falle ungewollter Schwangerschaft sofort adoptiert.
3. Jede Mutter kann auf einen Partner und ein großes Netz an sozialer und emotionaler Unterstützung zählen, während sie schwanger ist, ein Kind zur Welt bringt und es im ersten Lebensjahr umsorgt.
4. In den ersten drei Lebensjahren genießen Mutter und Vater das Privileg, ohne finanziellen oder gesellschaftlichen Druck frei zwischen der Umsorgung ihres Kindes und anderen Aufgaben zu wählen. Soziale Isolation kann nicht aufkommen. Eine Kindertagesbetreuung ist jederzeit möglich.
5. Eine Mutter oder ein Vater, die körperlich oder seelisch erkranken, erfahren sofort Hilfe und Unterstützung, damit ihr Kind nicht darunter leidet. Auch für ihre besondere Beanspruchung bei einer Erkrankung ihres Kindes bekommen sie umgehend Hilfe. Das gilt nicht nur für körperliche, sondern ebenso für seelische Krankheiten. Trennen die Eltern sich, so entscheidet allein das Kindeswohl über seine weitere Betreuung.
6. Jedem Kind wird eine gesunde Luft, gesundes Wasser, gesunder Boden, gesunde Ernährung und ein gesunder und geschützter Spiel-Raum zur Verfügung gestellt.

7. Vom 3.–16. Lebensjahr erfahren Eltern alle nötige Hilfe, um für ihr Kind einen „sicheren Hafen" bereitzustellen. Sie selber übernehmen nur den Teil der Erziehung und Vermittlung von Bildung, den sie aufzubringen imstande sind. Sie achten sehr genau darauf, daß ein fester Schlaf-Wach-Rhythmus eingehalten wird und ihr Kind seinen Anspruch nicht verwirkt, jeden Tag über mindestens ein Drittel seiner Zeit völlig frei bestimmen zu können. Dazu gehören ein aktiver Schutz gegen Werbung und Konsum und eine postive Bewertung von Langeweile, Muße und Nichts-Tun.

8. Jedes Kind genießt Schutz gegen körperliche, natürlich auch sexuelle, gegen seelische und gegen informatorische (Medien, Werbung, Konsumanreize, Gewaltverherrlichung, Verleitung zur Intoleranz) Ausbeutung durch Erwachsene. Kinder werden bis zum dritten Lebensjahr gegen „elektronische Babysitter" und jeglichen Fernsehkonsum geschützt, in der Vorschulzeit sieht es im Schnitt eine halbe, im Schulalter eine Stunde pro Tag fern. Es weiß seine Persönlichkeitsrechte durch eine außerfamiliäre, unabhängige Person seines Vertrauens (Kinder-Ombutsmann oder -frau) jederzeit einzuklagen.

9. Bis ihr jüngstes Kind das 16. Lebensjahr erreicht hat, gelten Eltern in der Gesellschaft als Mitglieder einer privilegierten Gruppe, was sich in ihrem Finanzbudget, ihren Wohnmöglichkeiten und darin ausdrückt, daß sie sich jederzeit weiterbilden und auf Teilzeitarbeit in einem angemessenen Arbeitsverhältnis zurückgreifen können. Eltern werden auch in ihrer Alterssicherung entsprechend der Zeit, in der sie Elternfunktion ausgeübt haben, bevorzugt behandelt.

10. Jedes Kind nimmt bis zu seinem 16. Lebensjahr an jährlichen Vorsorgeuntersuchungen teil, bei denen Fachleute feststellen, ob es in seiner körperlichen, seelischen und geistigen Leistungsfähigkeit angemessen gefördert und gefordert wird. Diese streng vertrauliche Information wird dem Kind und den Eltern zur Verfügung gestellt und begründet deren Anspruch auf gesellschaftliche Unterstützung.

11. Mit Erreichen des 16. Lebensjahrs kann jedes Kind wählen, wo und wie es wohnen und seine Ausbildung fortsetzen

möchte. Es erhält dafür ein Stipendium. Zu diesem Zeitpunkt endet die elterliche Verantwortung im juristischen Sinne.

12. Vom 17. bis zum 27. Lebensjahr besteht ein finanziell und rechtlich fundierter Anspruch auf Bildung und Ausbildung, auf einen Arbeitsplatz und auf vom Erwachsenenstrafrecht unterschiedenes Adoleszentenstrafrecht, das sich an der Verpflichtung zur gemeinschaftsbezogenen Arbeit und Weiterbildung orientiert, Täter-Opfer-Ausgleich bevorzugt und auf personale Wiedergutmachung achtet. Junge Frauen und junge Männer übernehmen über ein Jahr Aufgaben im Dienst an den Schwachen und Benachteiligten in der Gesellschaft. Die Aufteilung dieser Zeit innerhalb des Zeitraums von zehn Jahren ist ihnen freigestellt. Junge Frauen und junge Männer werden darin gleich behandelt.

Diese Aufstellung utopischer Forderungen kommt in vielen Punkten dem entgegen, was bereits heute Familien praktizieren, die sich gegen einen allgemeinen Kulturpessimismus zu schützen wissen.

15. Kapitel
Was Lehrer brauchen

Drei Themen sind es, in denen Erziehung und Unterricht, insbesondere Schule, mit kindlicher Depression verknüpft sind: ein Schülerthema („Leistungsmotivation"), ein Elternthema („Auslese für sozialen Aufstieg") und ein Lehrerthema („Chronische berufliche Überforderung").

Es gehört leider immer noch zu den häufigen Beobachtungen, daß kleine Kinder bis zum sechsten Lebensjahr begierig und ehrgeizig versuchen, sich Neues anzueignen, zu lernen und zu fragen. Nicht mehr als zwei Jahre Schulerfahrung reichen aus, und sie erleben das Lernen als lästigen Zwang. Die Mehrheit der Grundschulkinder sieht das so – warum?

Es lohnt sich, sich mit den Fällen zu beschäftigen, in denen diese enttäuschende Entwicklung nicht eingetreten ist. Da sind zum einen die Kinder, für die die Schule als Ort des Lernens auch weiterhin an zweiter Stelle hinter dem Elternhaus kommt, begabte Kinder begabter und engagierter Eltern. Zum anderen finden sich da die Kinder, die in der Schule eigentlich nur jeden Tag ihre Freunde wiedersehen wollen, Lernen und Zensuren gehören zu einer sportlichen Nebenveranstaltung. Und es gibt eine Gruppe von Kindern, in der tatsächlich viele ihre Neugierde und Lernbegeisterung der Kleinkindzeit trotz Schulerfahrung bis in die Pubertät hinein mitnehmen. Sie besuchen Schulen, Montessori-Schulen zum Beispiel, deren Lehrer mit großem Einsatz und Geschick das ganzheitliche Wissenwollen, das für Kinder so typisch ist, in Projektunterricht und Gruppenlernen aufgenommen haben und die Kinder fragen lassen, bevor sie Antworten geben.

Daß die dritte Gruppe eine Ausnahme darstellt, ist Lehrern vieler Schulen bekannt, und sie leiden darunter, solche pädagogischen Konzepte nicht auch in ihrem Bereich durchsetzen zu können. Statt dessen wird Lernbewertung zur Disziplinierung der

Schüler eingesetzt, Defizite in der Erziehung und Bildung werden den Eltern angelastet, und auf der Strecke bleibt die Lust am Lernen, von der Schüler ein ganzes Lernleben lang zehren müssen. Das Leistungsbewertungssystem ist dabei nicht als Übeltäter anzuprangern. (Kinder strengen sich gerne an, wenn es einen Preis zu gewinnen gibt; sie rivalisieren von Natur aus gerne miteinander, manche mehr, manche weniger!) Es ist nur völlig widersinnig, Leistungsmotivation fördern zu wollen, wenn gleichzeitig die wichtigsten Motivationsquellen zugeschüttet werden.

Wenn es tatsächlich psychische Störungen gibt, die „schulgemacht" erscheinen, dann deswegen, weil heutige Grundschullehrer täglich (vor allem montags) übermüdeten, durch Vielfernsehen desorientierten, unkonzentrieren, unruhigen und gewaltbereiten Kindern mit geringen sozialen Fertigkeiten gegenüberstehen. Bei ihnen aber sollen sie eine Unterrichtsmethode anwenden, die für wache, gut angepaßte, ehrfurchtsvolle und konzentrierte Mädchen und Jungen angemessen ist, für Kinder also, die aus eher strengen und konsumverweigernden Elternhäusern mit engagierten Müttern und Vätern stammen. Und die finden sich immer noch in allen Schichten unserer Gesellschaft.

Die Gruppe der psychisch hoch auffälligen Kinder ist in allen Schularten sehr hoch. In den Grund- und Hauptschulen sind es 16 Prozent, in den Sonderschulen 24 Prozent, in den Realschulen und Gymnasien 8 Prozent. Nur ein Viertel dieser seelisch kranken Kinder erhält zur Zeit psychotherapeutische Hilfe. Auch wenn sich die Problemfälle in sozialen Brennpunktgebieten häufen, zeigen jedoch neue empirische Studien, daß es vor allem die Schulatmosphäre ist, die darüber entscheidet, wieviele der gefährdeten Kinder tatsächlich psychisch auffällig werden. Die Schulatmosphäre aber wird geprägt durch das Lehrerkollegium, also durch das konkrete Verhalten der Lehrer und die Kollegialität ihrer Zusammenarbeit.

Da „Schulstreß" für viele Grundschüler auch als Folge von körperlicher Bedrohung durch Mitschüler auftritt, brauchen Lehrer ein pädagogisches Mandat – möglichst im Rahmen einer Ganztagsbeschulung –, in dem sich Gestaltungsmöglichkeiten wiederfinden, die denen eines Internatlehrers vergleichbar sind.

Kinder brauchen pädagogische Vorbilder und Rückmeldung da, wo sie lernen sollen und können – nicht nur außerhalb der Schule.

Immer mehr wirkt sich in der Schule die Weltsicht der Eltern aus, wonach Lebenserfolg vom Schultyp und Leistungsstatus abhänge. Diese Sichtweise führt zur Überforderung vieler Schüler, die möglichst hohe Schulabschlüsse bringen müssen. An Realschulen und Gymnasien finden sich heute zu mehr als 30 Prozent Schüler, deren Eltern diese Schulform nie besucht haben. Die Schule ist zum Ort des Kampfes für den sozialen Aufstieg und gegen den sozialen Abstieg geworden. Daß Schulleistungen in ihrem Leben sehr wichtig sind, geben daher bei Umfragen mehr als 95 Prozent aller Schüler aller Schulformen an.

Höhere Schulabschlüsse verlangen nicht nur höhere Begabung, sondern vor allem höhere Lernfähigkeit. Diese Lernfähigkeit aber wird in den Jahren der frühen Kindheit erworben und korreliert direkt mit der Umsorgung im Kleinkindesalter. So sind zur Zeit viele Schüler damit konfrontiert, daß sie nach einer Vorgeschichte kultureller und emotionaler Vernachlässigung mit Gleichaltrigen mithalten sollen, die in dieser Hinsicht viel priviligierter aufgewachsen sind. Gleichzeitig aber ist ihnen der Rückzug in Schulformen, wie sie ehemals die Hauptschulen dargestellt haben, verwehrt, es sei denn, sie (und ihre Eltern!) akzeptieren die Stigmatisierung des sozialen Abstiegs.

Erst wenn sie die Schule verlassen, müssen sie erkennen, daß es nicht die Zensuren, sondern vor allem drei psychische Eigenschaften sind, die über den weiteren Berufs- und Lebenserfolg entscheiden: Begabung, Selbstbewußtsein und soziale Fähigkeiten!

Viele Lehrer wissen das und sehen sich der von den Eltern importierten gesamtgesellschaftlichen Ideologie hilflos ausgeliefert. Wenn Lehrer wieder in die Lage versetzt werden sollen, Kinder in diesen drei Basisqualitäten zu fördern, so daß Kinder in der Schule wirklich fürs Leben lernen können, brauchen sie Rückendeckung durch die Gesellschaft und ein klares Erziehungsmandat. Dafür müßten sie aber nicht nur fachspezifisch, sondern auch psychologisch und pädagogisch wesentlich besser qualifiziert werden.

Das gilt in erster Linie für die ersten zehn Klassenstufen unseres Schulsystems. Für Grundschul- und Unterstufenlehrer ist es daher relevant, die „Masken" der Kinderdepression zu kennen: Angststörungen (u. a. gehemmtes Verhalten!), soziale Störungen und spezifische Ursachen der Lernbehinderung (hyperkinetische Störungen, Teilleistungsstörungen und Diskrepanz zwischen Begabung und Leistungsanforderung)!

Mittelstufenlehrer profitieren von entwicklungssychologischen Kenntnissen über die Auswirkung der Pubertät auf die Schul- und Lernsituation:

1. der Entwicklungsvorsprung von etwa zwei Jahren, die Mädchen gegenüber gleichaltrigen Jungen zeigen,
2. die Problematik der Koedukation für die Beschäftigung mit Mathematik und den als „männlich" angesehenen Naturwissenschaften und
3. die geschlechtspezifische Zunahme der Depressionsgefährdung, die so stark ausgeprägt ist, daß Mädchen bereits mit 14 Jahren doppelt so häufig depressiv sind wie Jungen.

Lehrer haben in dieser Zeit durchaus einen großen Spielraum, die Klassenatmosphäre so zu gestalten, daß sie selber ihre Bezahlung in dieser Zeit nicht nur als „Schmerzensgeld" empfinden müssen ... Hier lassen sich Erfahrungen fruchtbar umsetzen, die aus der Betriebspsychologie stammen. Es geht um die Herstellung eines **„streßarmen Arbeitsklimas"**, das Depressionen verhindern kann. Die wichtigsten Gesichtspunkte sind:

1. klare und sachbezogene Strukturierung der Zeit, der Aufgaben und der sozialen Rollen,
2. saubere, intakte, helle und lärmabgschirmte Arbeitsräume,
3. häufige positive Rückmeldungen, Vermeiden von Kränkungen und Ungerechtigkeiten,
4. keine Vermischung von persönlicher und sachbezogener Ebene,
5. Gruppenziele formulieren, Cliquenbildungen entgegentreten,
6. keine Toleranz gegen Intoleranz (Gewalt, Drogen),

7. psychologisches Verständnis für abweichendes Verhalten, aber keine psychotherapeutisch intendierten Interventionen. Das ist allein Sache der Fachleute – außerhalb!

Von der elften Klassenstufe an ist es vor allem die Depressions- und Selbstmordgefährdung ihrer adoleszenten Schüler, deren Frühsymptome Oberstufenlehrern vertraut sein sollten:

1. Körpersymptome wie Tagträumen, Kopfschmerzen, Bauchschmerzen, häufiges Fehlen, mimische und gestische Verlangsamung, Müdigkeit, Weinen, Wutausbrüche, starke Körpergewichtsschwankungen und Selbstverletzung.
2. psychische Auffälligkeiten wie Konzentrationsstörungen, starkes Schamverhalten, Leistungsversagen, desorganisiertes Arbeitsverhalten, Handschriftveränderung, geringe Frustrationstoleranz, Entschlußlosigkeit, Lustlosigkeit, Anhedonie (Unfähigkeit sich mitzufreuen, mitzulachen), Schuldgefühle, Idealisierungen, Beschäftigung mit Krankheit, Katastrophen und Tod, Gedanken der Sinnlosigkeit und versteckte Selbstmordankündigungen,
3. soziale Symptome wie Isolation, Sündenbock- oder Opferrolle, Promiskuität, und destruktives Gruppenverhalten.

Sobald bei einem Lehrer oder Mitschüler der Gedanke aufkommt, ein Kind aus der Klasse sei selbstmordgefährdet, sollte sofort ein Gespräch unter vier Augen stattfinden, die Eltern müssen benachrichtigt und eine Vorstellung in der Kinder- und Jugendpsychiatrie organisiert werden. Tabuisierungen, Bagatellisierungen und unrealistisches Mutzusprechen finden sich regelmäßig in der Vorgeschichte von jugendlichen Suizidanten.

Statistisch gesehen muß ein Grundschul- und Unterstufenlehrer, der eine Klasse mit fünfundzwanzig Schülern unterrichtet, mit einem depressiven Kind, ein Mittelstufenlehrer mit zwei und ein Oberstufenlehrer mit mindestens drei depressiven Jugendlichen (zwei Mädchen und einem Jungen) in seiner Klasse rechnen. Er sollte wissen, daß eine Depression eines Schülers sich im Mittel über sieben Monate, eine Dysthymie (depressive Entwicklung) sich über drei Jahre erstreckt.

Es gibt immer wieder Schüler, die in den Wintermonaten plötzlich in ihrer Leistung nachlassen, auffallend müde oder innerlich unruhig wirken. Dahinter kann sich die in unseren Breiten nicht seltene Form einer „saisonalen affektiven Störung" verbergen, eine Depressionsform, die familiär gehäuft und infolge von Lichtmangel auftritt und die sehr gut auf die Behandlung mit Johanniskraut in hoher Dosierung anspricht.

Schulstreß ist nicht zuletzt mit einem typischen Lehrerthema verbunden, der chronischen Überforderung im Schulalltag, die sich angesichts des hohen Durchschnittsalters der Kollegien verstärkt als „Burn-Out-Syndrom" äußert. Immer mehr Lehrer werden wegen einer Erschöpfungsdepression frühpensioniert, nachdem sie bereits über mehrere Jahre Schüler, Eltern, Kollegen und sich selber mit den destruktiven Auswirkungen ihrer Depression belastet haben.

Dieses Phänomen ist derart verbreitet, daß die Gesellschaft langfristig Voraussetzungen schaffen sollte, die Ausübung des Lehrerberufs auf zwanzig Jahre zu begrenzen, ganz gleich mit welchem Einstiegsalter ein Lehrer seinen Beruf beginnt. Wenn dadurch der typische Lehrer oder die typische Lehrerin eine Person wäre, die auf jeden Fall noch mindestens einen zweiten Beruf außer dem des Leherers kennt, dann könnte das den Schülern nur von Nutzen sein. Nahezu in allen Berufen, die mit der Erziehung von Kindern und Jugendlichen zu tun haben, gibt es die Möglichkeit, durch Änderung der Berufsausübung die „Zeit an der Kinderfront" zu begrenzen. Nur Lehrer sollen noch mit über sechzig Jahren etwas können, was ihnen mit Ende zwanzig noch leicht gefallen ist ...

Was Lehrer brauchen, um Depressionen bei ihren Schülern erkennen zu können und um nicht selbst jahrelang Opfer einer schleichenden Depression zu werden, ist in erster Linie einmal ein Wissen um psychologische und medizinische Zusammenhänge der Krankheit Depression, die in kaum einem Bereich des öffentlichen Lebens noch derart tabuisiert wird wie in der Schule.

Stufen des Burn-out-Syndroms

Soziale Einschätzung	Verhalten	Einstellung
angesehen	• Zwang, sich zu beweisen • Verstärkung des Einsatzes • Vernachlässigung eigenen • Verdrängung von Konflikten • Umdeutung von Werten	*„Will alles richtig machen"* *„Kann alles alleine"* *„Das geht jetzt nicht"* *„Es gibt keine Probleme"* *„Keine Zeit mehr"*
schwierig	• Verleugnung von Problemen • Rückzug • Verhaltensänderungen	*„Das läßt mich kalt"* *„Alle sind gegen mich"* Launisch-gereizt, vorwurfsvoll, Fehlzeiten
krank	• Depersonalisation • Innere Leere • Depression • Zusammenbruch	*„Stehe neben mir"* *„Spüre nichts mehr"* Anhedonie + Gereiztheit + Selbstwertstörung + innere Unruhe + Somatisierung + Hoffnungslosigkeit + Schlaf- störungen + Suizidalität Burn out-Syndrom *„Ich kann nicht mehr!"*

Literatur

Für Kinder

- JALONEN, R.: Nacht der Engel. Würzburg (1998)
- LINDGREN, A.: Die Brüder Löwenherz: Oetinger Verlag (1974)
- UNGERER, T.: Allumette. Zürich: Diogenes-Verlag (1974)
- STRATHENWERT, I. und BOCK, TH.: Die Bettelkönigin. Freiburg (1998)

Für Eltern

- BOSZORMENYI-NAGY, I. & SPARK, G.: Unsichtbare Bindungen. Die Dynamik familiärer Systeme. Stuttgart: Klett-Cota (1973)
- BOWLBY, J.: Bindung. Eine Analyse der Mutter-Kind-Beziehung. München: Kindler (1975)
- FRAIBERG, S.: Die magischen Jahre. Familiäre Beziehungen in der frühen Kindheit. Hoffmann u. Campe Verlag (1996)
- HELL, Daniel: Welchen Sinn macht Depression? Hamburg: Rowohlt (1992)
- LARGO, R. H.: Kinderjahre. München: Piper (1999)
- PARKE, R. D.: Erziehung durch den Vater. Stuttgart: Klett-Cota (1982)
- RABENSCHLAG, U.: Kinder reisen durch die Nacht. Schlafen, Wachen, Träumen – Die gute Nacht für Kinder. Freiburg: Herder Verlag (1998)
- Real, T.: Mir geht's doch gut. Männliche Depression. Bern: Scherz Verlag (1999)

Für LehrerInnen und ErzieherInnen

- HURRELMANN, K.: Familienstreß, Schulstreß, Freizeitstreß. Weinheim: Beltz (1994)
- PINES, A. M.: Ausgebrannt: Vom Überdruß zur Selbstentfaltung. Stuttgart: Klett-Cotta (1992)
- RICHTER, H. E.: Eltern, Kind und Neurose. Die Rolle des Kindes in der Familie. Reinbek: Rowohlt (1974)
- RUTTER, M.; MAUGHAN, B.; MORTIMER, D. & OUSTON, J.: Fünfzehntausend Stunden. Schulen und ihre Wirkung auf Kinder. Weinheim: Beltz (1980)
- REYNOLDS, W. M. & JOHNSTON, H. F. (eds.): Handbook of depression in children and adolescents. New York: Plenum Press (1994)
- STARK, K. D.: Childhood depression. School-based intervention. New York: Guilford (1990)

Für Fachleute

- ARIES, P.: Geschichte der Kindheit. München: Hanser (1975)
- BECK, A. T.; RUSH, A. J.; SHAW, B. F. & EMERY, G.: Kognitive Therapie der Depression. München: Urban & Schwarzenberg (1986)
- BERGER, M.: Psychiatrie und Psychotherapie. München: Urban & Schwarzenberg (1999)
- BOWLBY, J.: Verlust, Trauer und Depression. Frankfurt: Fischer (1983)
- BRISCH, K. H.:Bindungsstörungen. Stuttgart: Klett-Cotta (1999)
- DORNES, M.: Die frühe Kindheit. Entwicklungspsychologie der ersten Lebensjahre. Frankfurt/M.: S. Fischer (1997)
- FREUD, A.; BURLINGHAM, D.: Heimatlose Kinder. Frankfurt/M.: S. Fischer (1982)
- FREUD, S. : Trauer und Melancholie. G. W. Bd. X (1917)
- GROSSMANN, K. E.: Die Entwicklung der Lernfähigkeit in der sozialen Umwelt. München: Kindler (1977)
- HAMMEN, C.: Depression runs in families. The social context

of risk and resilience in children of depressed mothers. New York: Springer-Verlag (1991)

- HARRINGTON, R.: Depressive Disorder in Childhood and Adolescence. New York: John Wiley & Sons (1993)
- MUFSON, L.; MOREAU, D.; WEISSMANN, M. M. & KLERMAN, G. L.: Interpersonal psychotherapy for depressed adolescents. New York: Guilford Press (1993)
- NISSEN, G.: Depressive Syndrome im Kindes- und Jugendalter. Berlin: Springer (1971)
- PAPOUSEK, M.: Vom ersten Schrei zum ersten Wort. Bern: Huber (1994)
- PROPPING, P.: Psychiatrische Genetik: Befunde und Konzepte. Heidelberg: Springer (1989)
- RATEY, J. J.; JOHNSON, C.: Das Schattensyndrom. Neurobiologie und leichte Formen psychischer Störungen. Stuttgart: Klett-Cotta (1999)
- REMSCHMIDT, H.; SCHULZ, E.: Psychopharmacology of depressive states in childhood and adolescence. In GOODYER, I. M. (ed.): The depressed child and adolescent. Cambridge: Cambridge University Press (1995)
- ROSSMANN, P.: Depressionsdiagnostik im Kindesalter. Grundlagen, Klassifikation, Erfassungsmethoden. Bern: Huber (1991)
- RUTTER, M.: Bindung und Trennung in der frühen Kindheit. Forschungsergebnisse zur Mutterdeprivation. München: Juventa (1978)
- RUTTER, M.; IZARD, C. E.; READ, P. B. (eds.): Depression in young people. New York: Guilford Press (1986)
- SHAFI, M.; SHAFI, S. L. (eds.): Clinical guide to depression in children and adolescents. Washington DC: American Psychiatric Press (1992)
- STILKE, D.: Selektive Serotonin-Wiederaufnahmehemmer (SSRI) im Kindes- und Jugendalter. Zeitschr. für Kinder- und Jugendpsychiatrie 25, 106-117 (1997)
- TRAD, P. V.: Infant and childhood depression. New York: John Wiley&Sons (1987)
- SPITZ, R.: Anaclitic depression. Psychoanalytic Study of the Child 2, 313-342 (1946)

- STERN, D. N.: Die Lebenserfahrung des Säuglings. Stuttgart: Klett-Cotta (1992)
- WEISSMAN, M. M. et al.: Children of depressed parents: Increased psychopathology and early onset of depression. Archives of General Psychiatry, 44, 847-853 (1987)
- WINNICOTT, D. W.: Reifungsprozesse und fördernde Umwelt. München: Kindler (1974)